Klausbernd Vollmar

Das Geheimnis der Farbe Weiß

Sieben Malübungen

Übungsheft

Fischer Media

Vollmar, Klausbernd:
Sieben Malübungen, Übungsheft zu:
Das Geheimnis der Farbe Weiß –
Unschuld und Verführung
Das Übungsheft ist Bestandteil dieses Titels und kann nicht einzeln bezogen werden.

Umschlaggestaltung: Fischer Media, Katrin Stauffer
Umschlagfotografie: Eugen Jung

Printed in Germany

ISBN 3-85681-429-9

Inhalt

Übung 1: Ich bin ganz weiß 4

Übung 2: Hell und dunkel 5

Übung 3: Die Spannung Weiß – Rot 6

Übung 4: Die Wandlungsfähigkeit der Farbe Weiß 8

Übung 5: Schwarz und Weiß 10

Übung 6: Optische Täuschungen der Farbe Weiß 12

Übung 7: Die Hingabe der Farbe Weiß 16

Übung 1:
Ich bin ganz weiß

Nach meiner Meditation auf die weiße Wand (siehe Buch S. 9–20) möchte ich Ihnen eine weitere Meditationsübung vorschlagen: Setzen Sie sich mit möglichst gerader Wirbelsäule entweder auf den Boden oder auf einen Stuhl; falls Sie bereits meditieren, nehmen Sie Ihren gewohnten Meditationssitz ein. Dann schließen Sie Ihre Augen und atmen dreimal sehr tief ein und aus. Entspannen Sie sich völlig, und sagen Sie mehrmals innerlich: »Ich bin ganz ruhig und entspannt.« – lassen Sie sich immer tiefer und tiefer in diese Entspannung fallen. Wenn Sie sich bereit fühlen, versuchen Sie ganz vorsichtig, sich vorzustellen, daß Sie weiße und reine Luft einatmen, daß Sie von innen heraus immer weißer werden und Ihr gesamter Körper in einem weißlichen Glanz erstrahlt. Bleiben Sie in Ihrer Vorstellung vollständig weiß, beobachten Sie Ihre Gefühle dabei. Daraufhin nehmen Sie Ihre Vorstellung wieder zurück, indem Sie sehen, wie Sie all die weiße und reine Luft ausatmen und Ihr Körper erneut seine rosige Farbe annimmt. Atmen Sie dreimal tief ein und aus, und öffnen Sie dann Ihre Augen. Wenn Sie wollen, denken Sie noch ein wenig über diesen Farbeindruck nach. Falls Sie Lust dazu verspüren und etwas schwarzen Karton zur Hand haben, dann malen Sie einmal ganz langsam und bewußt den ganzen Karton mit Deckweiß rein weiß. Nehmen Sie sich Zeit dazu; Sie werden mehrere Schichten benötigen. Welche Gefühle steigen in Ihnen bei der Weißung des Schwarzen auf?

Übung 2:
Hell und dunkel

Erleben Sie in der folgenden Übung wie Schwarz und Weiß sich gegenseitig steigern und Weiß und eine neutrale Farbe sich vermindern: Im linken Bild lassen Sie das innere Quadrat weiß und malen den Rand grau aus, im rechten Bild lassen Sie abermals das mittlere Quadrat weiß. Malen Sie jetzt jedoch den Rand tiefschwarz aus. Wenn Sie langsam die Farbe des Rahmens im zweiten Bild aufbauen, dann können Sie sogar verfolgen, wie das Weiß der Mitte mit zunehmender Schwärze immer deutlicher leuchtet.

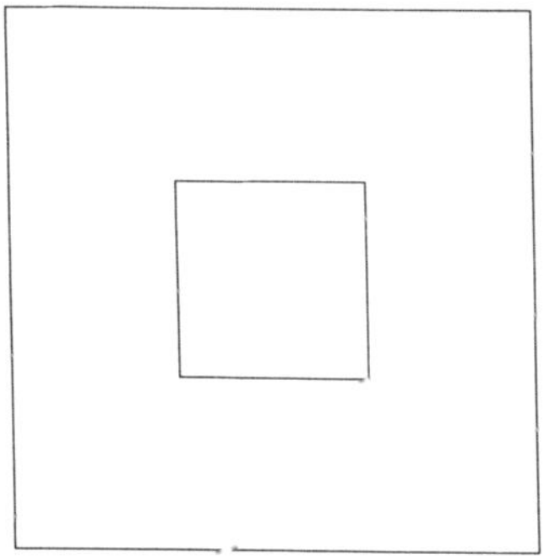
Weiß – Grau

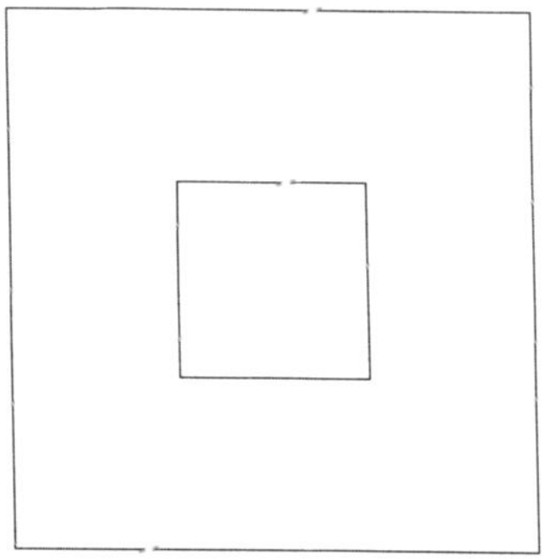
Weiß – Schwarz

Abb. 1: Hell und dunkel

Übung 3:
Die Spannung Weiß – Rot

Um die Spannung zwischen Weiß und Rot nachzuempfinden, malen Sie Abbildung 2 wie folgt aus: Das obere Quadrat malen Sie mit einem weißen Buntstift aus – zur Not können Sie es auch unausgemalt lassen, da das Druckpapier dieses Buches ziemlich weiß leuchtet –, das untere Quadrat malen Sie mit einem Rotstift aus. Fühlen Sie sich beim Ausmalen in die jeweilige Farbe ein, und meditieren Sie dann offenen Auges über Weiß und Rot, indem Sie jetzt die von Ihnen ausgemalte Abbildung für etwa zehn Minuten bewegungslos (auch möglichst mit bewegungslosen Pupillen) anschauen. Werden Sie sich Ihrer Gefühle angesichts dieser beiden Farben bewußt.

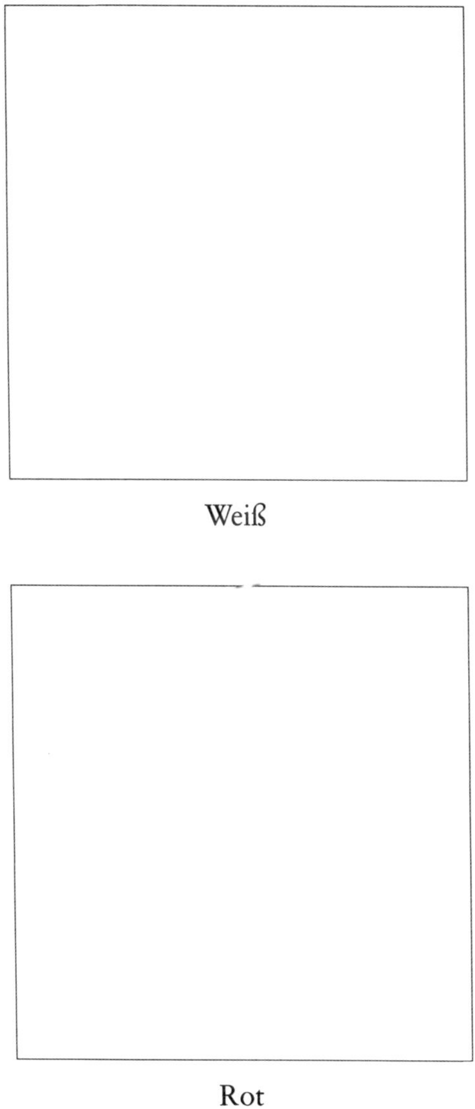

Abb. 2: Weiß und Rot

Übung 4:
Die Wandlungsfähigkeit der Farbe Weiß

Daß Weiß eine Farbe des Übergangs und der Veränderung ist, kann durch folgende Malübung verdeutlicht werden:
Malen Sie das Rechteck in Abbildung 3 mit einem weißen Farbstift aus. Im Gegensatz zu der vorigen Malübung (Abb. 2) ist es notwendig, daß Sie wirklich dieses Rechteck mit dem weißen Buntstift ausmalen, wenn auch zunächst kein grundlegend anderer Farbeindruck als der des weißen Papiers entsteht. Lassen Sie jetzt ganz vorsichtig von rechts und links zwei andere Farben Ihrer Wahl in dieses weiße Rechteck eindringen. Wie dünn Sie auch diese Farben von rechts und links auftragen, Sie werden sehen, daß sie sofort den weißen Farbeindruck zerstören. Weiß wandelt sich sofort. Um diesen wichtigen Unterschied zwischen Weiß und den anderen Farben zu verdeutlichen, malen Sie das Rechteck in Abbildung 4 grün aus (Sie könnten auch jede beliebige andere Farbe nehmen), und mischen Sie abermals durch dünnes Übermalen zwei Farben Ihrer Wahl von links und rechts ein. Sie sehen, daß Grün – wie alle anderen Farben – seinen Charakter längst nicht so schnell verändert wie Weiß.

Weiß

Farbe 1 →

← Farbe 2

Abb. 3: Die Wandlungsfähigkeit der Farbe Weiß

Grün

Farbe 1 →

← Farbe 2

Abb. 4: Die Wandlungsfähigkeit der Farbe Grün

Weiß als Symbolfarbe der Anima stellt zugleich das Unfaßbare dar. Machen Sie folgende Übung, um dies nachvollziehen zu können.

Übung 5:
Schwarz und Weiß

Legen Sie Pinsel, schwarze Tusche und einen Bogen weißes Papier bereit. Setzen Sie sich in den Ihnen gewohnten Meditationssitz, schließen Sie Ihre Augen und lassen Sie sich in eine tiefe Meditation fallen. Versuchen Sie, soweit Sie es können, sich zu leeren. Lassen Sie alle Ihre Gedanken los. Gedanken, Bilder, Gefühle kommen und gehen, Sie halten sie nicht.
Stellen Sie sich vor, wie sich Ihr Gehirn entspannt, lassen Sie sich fallen. Nach einer kleinen Weile, in der Sie Ihren tief entspannten Zustand genießen, visualisieren Sie einen kleinen weißen Lichtpunkt vor Ihren geschlossenen Augen. Konzentrieren Sie sich auf dieses weiße Licht. Es breitet sich aus, und versuchen Sie den weißen Farbeindruck vor Ihren geschlossenen Augen zu halten. Halten Sie ihn so lange, wie es Ihnen bequem ist, jedoch nicht länger als fünf Minuten. Dann lösen Sie diesen Lichtpunkt wieder auf.
Sie atmen dreimal tief durch und öffnen die Augen. Sie schauen auf das Papier vor Ihnen und werden sich all Ihrer Gefühle beim Blick auf das weiße Papier bewußt. Sie spüren das Bodenlose dieses weißen Blattes. Sie spüren, wie das reine Weiß Sie in den Stand des Nichtwissenden versetzt und wie Sie von dem Weiß herausgefordert werden, es zu gestalten.

Wahrscheinlich nehmen Sie ganz andere Gefühle als ich wahr; lassen Sie auf jeden Fall Ihre Gefühle zu, und fangen Sie dann mit dem Pinsel zu malen an. Seien Sie sich Ihrer Gefühle auch beim Malen bewußt. Meditieren Sie nach dem Malen auf Ihr Bild, und fühlen Sie in sich nach, was Weiß für Sie bedeutet.

Übung 6:
Optische Täuschungen der Farbe Weiß

Malen Sie in der Abbildung 5 auf der folgenden Seite oben die größere Kreisfläche deckend schwarz mit Bleistift oder einem schwarzen Farbstift aus, der innere, kleine Kreis bleibt weiß.
In der unteren Abbildung malen Sie nun den inneren, kleinen Kreis deckend schwarz aus.
Welcher Kreis erscheint Ihnen größer?
Sehen Sie sich die beiden Kreise aus verschiedenen Entfernungen an.
Nun schauen Sie sich die Schatten auf dem weißen Papier an. Wie wirkt das beschattete Weiß?
Wenn Sie malen, können Sie den Vergrößerungs- und Signaleffekt von Weiß effektiv nutzen, indem Sie mit kleinen weißen Flächen die Aufmerksamkeit des Betrachters lenken.

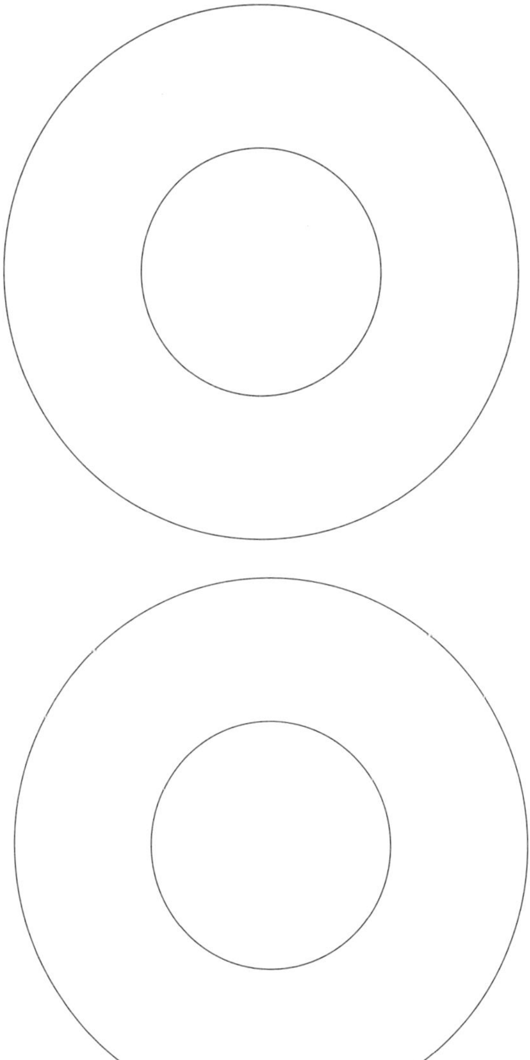

Abb. 5: Die Strahlkraft des Weiß

Wenn Sie gerne malen, lassen Sie sich durch eine verblüffende Beobachtung Goethes zur Bildgestaltung anregen: Man kann sozusagen auch eine weiß erscheinende Fläche mit einem Bleistift malen. Das verwundert zunächst, aber malen Sie die folgende Abbildung derart aus, daß zunächst das innere Quadrat ganz leicht hellgrau mit Bleistift angemalt wird, danach malen Sie den Rand gut deckend tiefschwarz aus.

Das innere Quadrat wirkt jetzt weiß.
Wenn Sie die angegebene Reihenfolge beim Ausmalen befolgen, können Sie beobachten, wie Grau zu Weiß wird. (Das erinnert mich an Gandalf in Tolkiens »Der Herr der Ringe«, der vom grauen Magier zum weißen wird. Das hängt auch mit der Veränderung seiner Umgebung zusammen.)

Abb. 6: »Gemaltes« Weiß

Wie jede andere farbige Umgebung das Weiß verändert, möchte ich Ihnen mit folgender kleiner Malübung zeigen.

Übung 7:
Die Hingabe der Farbe Weiß

Abb. 7: Die Hingabe der Farbe Weiß

Lassen Sie in dieser Malvorlage das innere Quadrat weiß, malen Sie den äußeren Rahmen gut deckend gelb mit Buntstift aus. Wie sehen Sie jetzt das Weiß in der Mitte?

Klausbernd Vollmar
Das Geheimnis der Farbe Weiß

Klausbernd Vollmar

Das Geheimnis der Farbe Weiß

Unschuld und Verführung

Fischer Media

Die Deutsche Bibliothek – CIP-Einheitsaufnahme

Vollmar, Klausbernd:
Das Geheimnis der Farbe Weiß: Unschuld
und Verführung / Klausbernd Vollmar
Überarbeitete Neuausgabe mit Übungsheft
Bern: Fischer Media, 1999
ISBN 3-85681-429-9

Überarbeitete Neuausgabe
Umschlaggestaltung: Fischer Media, Katrin Stauffer
Umschlagfotografie: Eugen Jung

Printed in Germany

ISBN 3-85681-429-9

Inhalt

Einleitung

Weiß stellt sich vor ... 9

1. Die Farbe, die erschaudern läßt ... 11
2. Weiß als Spiegel ... 14
3. Die weiße Unschuld ... 18
   Übung 1: Die weiße Kleidung ... 19
4. Der weiße Mann ... 19
5. Das schillernde Weiß ... 20
   Übung 2: Visualisierung der Farbe Weiß ... 21
6. Die Wortgeschichte ... 23
7. Unschuld und Verführung ... 24
8. Wegweiser durch dieses Buch ... 25

Anmerkungen ... 26

Kapitel 1

Reinigungsrituale – Die Weißung ... 29

1. Die Weißwäscherei ... 29
2. Das Glück kommt ganz in Weiß ... 35
   a) Die Braut und die Hochzeit ... 35
      Übung 3: Schutzmeditation ... 36
   b) Weiß als Glücksfarbe ... 43
3. Das schöne Einhorn ... 45
4. Das Merkurische und die Vögel ... 57

Anmerkungen ... 64

Kapitel 2

Die Zauberfarbe Weiß ... **69**

1. Der Schutz- und Abwehrzauber der Farbe Weiß ... 70
2. Der Fruchtbarkeitszauber der Farbe Weiß ... 72
3. Der Heilzauber der Farbe Weiß ... 75

Anmerkungen ... 78

Kapitel 3

Der weiße Zauber des Weiblichen ... **79**

1. Weiß zwischen Verführung und Unschuld ... 79
2. Die weiße Unterwäsche und die Sexualängste der Frau ... 85
   Übung 4: Visualisierung »Das erotische Weiß« ... 86

Anmerkungen ... 89

Kapitel 4

Die weißen Frauen ... **91**

1. Göttliche Prinzipien ... 91
2. Maria – die kastrierte Göttin? ... 94
3. Die weiße Anima ... 97
4. Die Hexen ... 105

Anmerkungen ... 107

Kapitel 5

Der weiße Zauber des Männlichen ... **109**

1. Die weißen Götter ... 109
2. Weiß als Todesfarbe ... 115
3. Weiß färbt ab ... 120

Anmerkungen ... 124

Kapitel 6
Weiß als Lichtfarbe – der geistige Aspekt **125**
1. Die weißen Lichtgottheiten 125
2. Der weiße Fürst und das weiße Heer 132
3. Goethes Farbenlehre 143
a) Weiß als Stellvertreter des Lichtes 143
b) Die Vorstellung des Lichts bei Goethe 148
4. Rudolf Steiner und die Anthroposophie zu Weiß 154
Anmerkungen 158

Kapitel 7
Die Bedeutungsstruktur der Farbe Weiß **165**
Anmerkungen 171

Literaturverzeichnis **173**
Der Autor **177**

Widmung

Für Roswitha, Martin und Charlotte

Danksagung

Für Hilfe und Unterstützung bedanke ich mich besonders bei Martin Haeusler, der diesen Text nicht nur gewissenhaft lektorierte, sondern auch viele Anregungen und Hinweise bei der Arbeit an diesem Buch gab. Dank auch der Malerin Amei von Brasch und Herrn Ulrich Rölfing aus Wien sowie Magdalena und Bruno Martin.

Klausbernd Vollmar

Einleitung

Weiß stellt sich vor

»Plötzlich waren wir allein mitten in einer riesigen weißen Ebene, und hohe, schneebedeckte Berge sahen uns durchdringend an. Eine große Stille herrschte – aber es war da auch ein Summen oder Rauschen.«

(Elan Noir, La grande Vision)

»Weiß, weiß wie
eine Grenze, die vorrückt im Tod –
das ist unser Leben, das ist die Liebe«

(Robert Duncan)

Die Farbe Weiß besitzt viele Gesichter. Schauen Sie sich jetzt einmal in Ihrem Zimmer um, und nehmen Sie den unterschiedlichen Charakter von Weiß wahr. Programmieren Sie Ihren Blick darauf, die Farbe Weiß, wo immer sie auch vorkommen mag, vor allen anderen Farben intensiv wahrzunehmen.

Weiß ist vielschillernd und vieldimensional. Wie Schwarz und alle Grundfarben besitzt Weiß einen komplexen Charakter. Das bemerken Sie schon bei einer kleinen Übung, zu der ich Sie jetzt anregen möchte.

Was fällt Ihnen alles zu Weiß spontan ein?

Fertigen Sie, wenn Sie Muße haben, eine Liste all dessen an, was Ihnen zu Weiß einfällt. Wahrscheinlich werden Sie schwerlich einen Oberbegriff finden, der alle Ihre Assoziationen zu Weiß zusammenfassen kann. Wir meinen oft zu wissen, was eine bestimmte Farbe bedeutet, aber gehen wir dem genauer nach, sind wir dann über den unterschiedlichen Symbolwert einer Farbe ganz verblüfft.

Um die Vielfältigkeit der Farbe Weiß zu erleben, würde ich Ihnen empfehlen, ganz im Sinne des Zen-Buddhismus auf die weiße

Wand zu meditieren. Bei der Einleitung dieses Buches über die Farbe Weiß habe ich mich von solch einer Meditation leiten lassen. Zunächst stiegen bei mir schaurige Bilder aus Melvilles »Moby Dick«[1] und Jack Londons »White Fang« (»Wolfsblut«)[2] hoch. Das reine Weiß beängstigte mich, stieß mich als Kaltes ab und trieb mir die Tränen in die Augen, so schmerzte es. Als ich diese Angst annahm, verwandelte sich die weiße Fläche in einen Spiegel, in dem ich peinlich genau meine eigenen Gefühle und Stimmungen wiedergegeben fand. Ich projizierte alles mögliche auf dieses Weiß, das zu meinem Erstaunen auch sexuelle Gefühle in mir erregte. Als ich dann mit diesen Erfahrungen einverstanden war, fühlte ich mich eigenartig gereinigt, ja geradezu unschuldig. Ich schien die Welt direkter wahrzunehmen, und ich sah mich blitzhaft in meiner Lichtgestalt, was mir zunächst sehr fremd war. Nach diesem dramatischen Höhepunkt endete alles an einem vorläufigen Ruhepol, bei Strukturen, an denen ich mich festhalten konnte.
Soweit die weiße Wand. Zum ersten Kennenlernen möchte ich Ihnen jetzt die Farbe Weiß so vorstellen, wie ich sie in der Meditation auf die weiße Wand erfuhr. Allerdings scheint mir bei dem Einlassen auf die Farbe Weiß eine Warnung vorweg sehr notwendig: Wenn Sie sich mit der Farbe Weiß beschäftigen und auseinandersetzen, hüten Sie sich vor der Illusion der Selbsterhöhung! Wir sind nicht rein, nicht einzig gut und erst recht keine weißen Engel. Der Farbe Weiß wohnt eine starke illusionäre Kraft inne, die leicht in die Irre führt, indem sie Reinheit und Autorität vorgaukelt. Aus diesem Grunde behaupten viele magische Schriften aus dem Hochmittelalter, daß böse Zauberer – meist Schwarzmagier genannt – es lieben, ganz in Weiß aufzutreten, wohingegen gute Zauberer – die Weißmagier – es vorzögen, ganz in Schwarz zu erscheinen.
Weiß hat eine große Wirkung auf den psychischen Bereich, und es weist die Tendenz auf, in die Inflation[3] zu führen und Sie langfristig in Ihrer Entwicklung zu behindern.

Wenn man sich mit Weiß beschäftigt, sollte man sich immer zugleich mit seinen eigenen dunklen Seiten beschäftigen, denn wo Licht ist, ist auch Schatten – wo Weiß ist, da ist auch Schwarz.

1. Die Farbe, die erschaudern läßt

»Es war die weiße Farbe des Wals, die ihn mir so entsetzlich erscheinen ließ. Denn obwohl Weiß die Farbe der Schönheit, der Reinheit, die Farbe von Königen und Priestern ist, so lauert in ihr doch etwas, das die Seele des Menschen mit größerem Schauder erfüllt als das Rot des Blutes. Und wenn diese schwer faßbare Eigenschaft, die die Farbe Weiß besitzt, von Vorstellungen erhabener Natur gelöst ist, sich mit einem Ding verbindet, das allein schon durch seine Gestalt Furcht erregt, so steigert sich diese Furcht ins Unermeßliche. Die Gründe dafür sind schwer zu bezeichnen. Aber es ist sicher dieselbe Furcht, die uns beim Anblick des marmorbleichen Todes beschleicht.
Wahrscheinlich ist es auch weniger die Farbe selbst, die uns erschreckt und schaudern macht, als vielmehr das völlige Fehlen jeglicher Farbe – eine Farblosigkeit, die ihre Bedeutung unsichtbar in sich trägt.
Für all das war der weiße Wal ein Sinnbild. Wen also wundert die besessene Jagd?«[4]

(Herman Melville, Moby Dick)

Wer sich in die Farbe Weiß versenken möchte, der muß unbedingt die schauerlich-spannende Geschichte von »Moby Dick« lesen, der sollte mit Kapitän Ahab mitgelitten haben, wenn dieser den weißen Wal verfolgt. Wie in Jack Londons berühmtestem Roman »Wolfsblut« steht in »Moby Dick« die Gesellschaft todessüchtiger harter Männer dem weißen Tier und der Natur gegenüber. Alle diese »Fast-noch-Helden« fühlen sich unwiderstehlich vom Weißen angezogen.

Dabei fängt die Geschichte von »Moby Dick« so harmlos an: Der Erzähler, ein »Drop-out« aus früheren Zeiten, flieht die Karriere als Dorfschulmeister und heuert an. Gleich hier wird ihm das Weiß zum Verhängnis: Mit blütenweißem Hemd – etwas anderes besaß er nicht – tritt er zum Dienst an und muß sogleich in das schwarze Teerfaß langen. Ein einfacher Matrose im blütenweißen Hemd setzt sich dem Spott aus, wer wüßte das nicht.

Dann trifft er auf die *Pequod*, ein vornehmes Schiff voller Schwermut, an dem alles Mögliche aus weißen Walknochen geschnitzt und gezimmert ist. Das fahle Weiß des Walbeines gemahnt nicht nur an den Tod des Wals, sondern auch an den vieler tapferer und kühner Männer. Kapitän Ahab, ein wahnsinniger, todessüchtiger alter Mann, hatte im Kampf mit dem weißen Wal ein Bein verloren, das jetzt durch weißes Walfischbein ersetzt worden ist. All dieses Makabere und Schaurige zieht unseren Erzähler als Anderswelt an. So heuert er an, um sich an der besessenen Jagd nach dem Weißen beteiligen zu können.[5]

Ich sitze vor der weißen Wand, das Weiß sticht in den Augen, es beginnt zu flimmern. Mir wird kalt, meine Gedanken stoppen, Bilder steigen auf. Ich fühle mich von diesem Weiß unwiderstehlich angezogen.

Ich habe schon als Kind diese Anziehungskraft des Weißen gespürt, wenn ich in Fortsetzungsromanen einer deutschen Kaffeeversandfirma von Männern, die auf einer Eisscholle im Nordpolarmeer drifteten, las. Diese weiße Wüste wollte ich einmal besuchen und erleben, doch bisher blieb dieser Wunsch nur auf einen kurzen Abstecher nach Grönland beschränkt. Die weiße Eiswüste Grönlands hat mich allerdings derart bewegt, daß mich ihr Anblick aus dem Flugzeug weinen ließ. Schön, unberührt und großartig weiß kam mir diese Insel vor, und ich schien so

klein, winzig im Vergleich zu dieser großen weißen Natur. Und dann das Licht ... Später traf ich einige Menschen, die Grönland länger besucht hatten und die alle nach dieser weißen Insel süchtig waren, die von den Lichtkaskaden über dem weißen Eispanzer selbst in einer dunklen Wohnung in Berlin noch schwärmen konnten. Ich begeisterte mich für Roald Amundsen, einen der größten Forscher und Abenteurer unseres Jahrhunderts, den es ebenfalls schon in seiner Kindheit in die weißen Wüsten des ewigen Eises gezogen hat, wo er dann niedergeschlagen starb.[6]
In meiner Studentenzeit, als ich an der Universität Reportageromane zu lesen pflegte, fand ich die dramatische Geschichte von Ingenieur Andrees Luftfahrt.[7] Andree war ein schwedischer Aeronaut, der 1897 mit einem Heißluftballon zum Nordpol fliegen wollte. Der Ballon vereiste, und Andree landete auf einer großen Eisscholle. Als alle seine Kameraden gestorben waren, brachte sich Andree, die Einsamkeit der unendlich weißen Fläche fürchtend, um. Eis und Schnee bedeckten sein Grab – wie im deutschen Volksmärchen, wo der Schnee ein weißes Tüchlein auf das Grab deckt (Aschenputtel).[8]
Oft werden – besonders in Romanen – Menschen vom Weißen getötet, das sie unwiderstehlich anzieht. Das Drama der Menschen im Eis und die Allgewalt des weißen Schnees wird in dem berühmten Roman »Schneeland« des japanischen Nobelpreisträgers Yasunari Kawabata gestaltet: »Als der Zug aus dem langen Grenztunnel herauskroch, lag das Schneeland vor ihm weit ausgebreitet. Die Nacht war weiß bis auf ihren Grund ...«
Im Schneeland ist alles weiß: Grabstätten werden aus weißem Schnee imitiert, dort werden die schönsten Kreppstoffe hergestellt, aus denen man strahlend weiße Kleider macht. Acht Monate lang liegt in Echigo, der heutigen japanischen Provinz Nugata, der Schnee, der mit seinem glättenden kalten Weiß alles beherrscht: ein weißes Land, dieses Echigo – ein anziehendes Land des Todes.[9]

Robert Ranke-Graves vertritt in seinem Werk »Die weiße Göttin«[10] die Ansicht, daß der Dichter der weißen Göttin verfallen muß, sonst ist das große Werk nicht zu vollenden. Melville sieht diese weiße Göttin im weißen Wal Moby Dick als eine unheimliche, unerklärliche Kreatur, die allgegenwärtig zu sein scheint, sich in tiefsten Tiefen bewegen kann, die gar unsterblich sein soll und voll beispielloser Tücken und Schlauheit ist, die hinterhältige Rückzüge liebt und dann wieder teuflische Angriffe. Melville spricht selbst von der Verkörperung alles Bösen in dieser weißen Kreatur, dem Wal, den Kapitän Ahab den ganzen Roman hindurch jagt, bis er selber durch ihn umkommt.

Eine Abwandlung dieses weißen mächtigen Wesens Moby Dick stellt die weiße Riesenkrake dar, das saugend greifende Weiße, welches Kapitän Ahab noch vor Moby Dick auf seiner letzten Reise trifft. Das Weibliche scheint hier als weiße Kreatur nicht mehr das Männliche hinan-, sondern es vielmehr hinabzuziehen.

Der weiße Wal ist ein großer Kämpfer wie der weiße Wolfshund in »Wolfsblut«. Kommt jedoch bei Jack London in der weißen Kreatur noch das Gute hoch – er rettet die Familie seines letzten Herrn unter Lebenseinsatz –, so liegen bei Herman Melville die Verhältnisse anders: Kapitän Ahab sucht beständig die Nähe des weißen Ungetüms, um es zu fangen und aus Rache zu töten. Ahab ist immerhin in einem früheren Kampf durch die weiße Bestie, wie es so schön im Roman heißt, »entmastet« worden – ob damit nur der Verlust seines Beines gemeint ist?

Hier schimmert die archetypische Vorstellung vom negativen Elementarcharakter der Großen Mutter durch.

2. Weiß als Spiegel

Und wie vor dieser weißen Wand mich das Weibliche beschäftigt und erschreckt, erkenne ich blitzartig, ohne Folgern, die weiße Wand ist wie ein Spiegel: Alles, was ich auf ihr sehe, das bin ich ...

Das böse Weiß und das verführerische Weiß: alles nur Projektionen und Bilder meines männlichen Geistes? Zumindest sind diese Bilder in Kunst, Literatur und Werbung sehr verbreitet. Und wessen männliche Seite erlebt nicht das Weibliche als weiße Krake, heimtückisch, gefährlich, niederträchtig und verschlingend? Wer möchte nicht vom weißen Ungeheuer verführt werden, sehnt sich nicht nach dem Verschlungenwerden? Wer hat sein Männliches bis hinein in die Bilderwelten schon so domestiziert oder kastriert, daß er einzig das Reine, das Unschuldige im Weiß sehen kann?

Mir wird bei der Meditation über Weiß deutlich, wie sehr ich als Mann die Struktur in mir habe, im Weiß den Schrei nach der Verführung zu sehen. In der weißen Weste treten die Politiker auf, die nur danach lechzen, von der Macht verführt zu werden. Im weißen Kittel geben sich die Ärzte distanziert und autoritär. Statt sich um Körper und Psyche zu kümmern, hat sie der Immobilienhandel und der noch größere Mercedes in der Hand. Alle Autoritäten sehnen sich nach der Verführung durch die Macht, um wie die Braut schnellstens ihre Unschuld zu verlieren. Ganz in Weiß finden die Übergriffe auf den unschuldigen Körper und die Psyche in den Anstalten und Kliniken statt. Das Personal trägt Weiß, als sei alles zum Wohle des Kranken ausgerichtet. In Weiß ergibt man sich der herrschenden Macht schon seit den Zeiten der Lichtmysterien: Was auf der Seite der Lichtherrscher stand, war weiß und somit gut. So begann eine lange Tradition der Macht und des Opportunismus ganz in Weiß.
Weiß will verführt werden. Das Weiße ist zu rein, zu blendend, zu übermenschlich, es muß sich unbedingt beschmutzen, sich auf das Dunkel einlassen um der Menschlichkeit willen. Das Reine ruft nach dem Unreinen, das Weiße nach dem Schwarzen,

das Keusche nach der Unzucht, der Drang zur Vollständigkeit ist unwiderstehlich. Wir sehen das weiße Röckchen, das in den Boulevard-Zeitungen von den Superschönen gehoben wird. Tragen sie bisweilen nicht mal ein weißes Höschen darunter, dann sehen wir die weiße, entblößte Haut, die schon spätestens seit dem Mittelalter männliche Blicke und Phantasien anzieht. Weiß ist das Begehrenswerte …

Weiß hat die Eigenschaft zu blenden, zu verblenden. Immerhin wird der wackere Ahab in seinem letzten Kampf mit dem weißen Wal geblendet: und das in vielerlei Hinsicht. Das reine Weiß besitzt immer die Tendenz zu (ver)blenden. Ich erinnere mich an einen Besuch des Tadsch Mahals in Agra. Jenes Bauwerk der Liebe war in der Mittagssonne Indiens derart gleißend, daß das Hinschauen schmerzte. Ein beleuchtetes Weiß baut von der Physiologie des Auges her gesehen sehr viel Rhodopsin (Sehpurpur) in den Stäbchen des Augeninneren ab. Weiß zerstört in aggressiver Weise den Sehpurpur. Ist es beim Tadsch Mahal, einem der berühmtesten weißen Gebäude der Welt, der Schmerz über die verstorbene Geliebte, der hier seine architektonische Manifestation fand? Das weiße Gebäude, das an die verstorbene Geliebte erinnert, das den Schmerz darüber in sich trägt, daß die Verführung und das Spiel der Liebe ein Ende hat. Das weiße Mausoleum: der Schmerz, der Tod – wehmütige Erinnerungen an eine gar nicht so unschuldige Liebe, die deswegen um so schmerzlicher vermißt wird.

Ob das Weiß die Natur, das Unbewußte, ein höheres Gesetz, das wilde Leben oder den Tod darstellt, möchte ich noch offenlassen. Das Weiße ist das Geheimnis, wie es in »Moby Dick« heißt. Auf die weiße Wand läßt sich vieles projizieren, genau wie in die Romane und die moderne Werbung: Männerphantasien, die im Weiß sich ihrer selbst bewußt werden – schön wäre es, wenn sie angesichts des Weißen auch selbstbewußt würden.

Im Weiß besitzen Mann und Frau einen Spiegel, in dem sie ihr eigenes Begehren erleben können.

Wie ich jetzt auf die weiße Wand meditiere und meinen Geist leer werden lasse, bemerke ich eine Angst, daß meine männlichen Gedanken und Gefühle offenbar werden. Meine erste Idee war, daß das reine Weiß die Farbe der Unschuld sei, die sehnsüchtig nach Verführung schreit. Die weiße Haut, die berührt werden möchte, um zum wilden Tanz zu verführen; das weiße Kleid, das weiße Dessous, das doch inständig darum bittet, die Trägerin aus dem Zustand der Unschuld zu erlösen. In der Literatur und Kunst fand mein männlicher Geist sich bestätigt.

Der bieder eifrige Klaus Theweleit, der als Deutscher soviel weniger mythologisch spielerisch als Robert Ranke-Graves denkt, schreibt sein ganzes »Buch der Könige – Orpheus und Eurydike« darüber, wie der Mann die Verwandlung (bei Ranke-Graves viel sinnlicher: die Verführung) durch das Weibliche bitter benötigt – man könnte auch sagen: freudig braucht. Die weiße Fee muß den männlichen Geist berühren, beleben, zur Kühnheit treiben, tief Verborgenes aus ihm herauskitzeln, und er muß sich berühren lassen. Selbst im »Faust« sind die weißen Engel nicht von allen Verführungskünsten freizusprechen. Und so schreibt Carl Gustav Jung als erfahrener Mann, daß die Frauen wegen einer gewissen moralischen Schwäche der weißen Himmelsboten (und der Männer wohl erst recht) in der Kirche ihr Haupt verhüllen müssen.[11]

Bei der Meditation auf Weiß werde ich zu meinen Projektionen verführt, alles löst sich in einem Tanz subjektiver Bilder auf, die sich auf archetypische Bildbausteine gründen. Weiß ist radikal! Ich kämpfe mit dem Weiß: Ich will mich nicht zu meinen Projektionen verführen lassen, der christliche Geist schwebt über mir, um seiner Hauptarbeit nachzukommen, die in der Produktion schlechten Gewissens besteht: Wie kann man(n) sich nur durch das reine Weiß der Himmelsgöttin und Mutter Gottes zu körperlichen Phantasien hinreißen lassen! Der alte Bruch zwischen Geist und Körper wurde wieder beschworen, und ich kämpfte erst verbissen, dann mehr munter darauf los. Mit schneidender Ironie wollte ich das Weiß wie Kapitän Ahab harpunieren, ein Schuß Zynismus sollte das Ganze würzen. Dann stieg die Ahnung auf, daß der Gram über die verlorene Unschuld im Weiß immer mächtig mitschwingt.

3. Die weiße Unschuld

Als mir bewußt wurde, daß ich auf die weiße Wand starrte, stiegen Bilder aus meiner Kindheit auf, nachdem weiße, engelartige Schatten, mich irritierend, über die Wand huschten.
Vielleicht war mir Weiß als Farbe noch aus der Kindheit unangenehm: Ich war ein wildes, wüstes Kind, dem man zum Leidwesen seiner Eltern nachsagte, daß es alles Weiße auf der Stelle beschmutze. Meine Eltern steckten in der Nachkriegszeit, als das Geld für Kinderkleidung noch knapp war, meine Füße stolz in weiße Wollsocken, und Verwandte hatten mir – welch ein Luxus – auch einen weißen Schal und eine weiße Mütze dazu gestrickt. Ich haßte diese Sonntagnachmittags-Ausgehsachen, die sich, wie ich überzeugt war, ohne mein Zutun im Laufe eines Nachmittags von selbst verfärbten. Meine Eltern machten mir ärgerlich Schuldgefühle deswegen. Ich stellte entrüstet klar, daß sich das Weiß von selbst verfärbe – aber nichts half, ich hatte meine Unschuld verloren. In Weiß zu gehen bedeutete für mich fürderhin die reinste Unterdrückung. Ich wußte, ich werde schuldig. Später bemerkte ich: Wo Weiß ist, da lauert meist ein schlechtes Gewissen.[12]
Als ich dieses Buch zu schreiben begann, bin ich zuerst sehr scheu ganz in Weiß in der Wohnung herumgelaufen. Ich bemerkte, wie ich mich ganz in Weiß vorsichtiger als sonst verhielt. Der Mann ganz in Weiß, das erinnert mich an eine Postkarte aus dem Freizeitpark »Phantasialand«: »Die magische Welt von Siegfried und Roy im Phantasialand« (1987). Siegfried

und Roy, zwei kernige Männer mit entschlossen vorspringendem Kinn, sind ganz in Weiß mit drei weißen Tigern zusammen abgebildet. Eine männlich-kitschige Ästhetik, die ich im Phantasialand nicht erwartet hätte.
Ich habe das Gefühl, nur eine Frau kann ganz in Weiß gehen. Man denke nur an Roy Blacks Schlager »Ganz in Weiß mit einem Blumenstrauß ...« – da bleibt kein Mädchenauge trocken. Von einer Frau erwartet man die Unschuld, von einem Mann nur, wenn er Guru oder Papst ist.

Übung 1:
Die weiße Kleidung

Probieren Sie es einmal aus: Kleiden Sie sich zu Hause ganz in Weiß. Führen Sie das als Übung an mehreren Tagen durch – Wochenenden sind sehr geeignet dazu.
Sie werden sehen, wenn Sie genau auf Ihre Gefühle dabei achten, daß Sie sich anders als sonst dabei fühlen und verhalten. Sie müssen das selber spüren, um etwas vom Weiß verstehen zu können. Weiß bedeutet jedoch für jeden etwas anderes. Finden Sie heraus, was es für Sie bedeutet. Schreiben Sie sich das auf, in Ihr Tagebuch oder wo auch immer, vielleicht hier am Rand des Textes. Seien Sie ehrlich und offen.

4. Der weiße Mann

Und als ich so auf die weiße Wand stiere, besinne ich mich meiner Männlichkeit ...
Wie sich Weiß gut mit dem Weiblichen verbinden kann[13], so kann es sich genausogut mit dem Männlichen liieren.
Jedem ist sicherlich schon aufgefallen, daß Autoritäten und Machtträger wie Priester, Könige (der weiße Hermelin-Mantel),

Ärzte und Wissenschaftler Weiß tragen. Hierhin gehört auch das Weiße Haus (Washington/DC) als Symbol männlich-aggressiver Macht.
Wenn ich an den weißen Mann denke, dann steigt immer wieder das Bild des vergeistigten Mannes auf. Weiß als Lichtfarbe ist die Farbe der Macht des Geistes. Wenn man in der Esoterik vom weißen Licht spricht, dann ist keineswegs ein weißgefärbtes trübes Licht gemeint, sondern ein durchsichtiges klares Licht, das dem Geist in seiner Reinheit und Klarheit verglichen wird. Mit dem weißen Mann ist dementsprechend das Ideal des mächtigen – weil weisen und klaren – Mannes gemeint.

Ich habe jetzt meinen Ruhepol bei der Meditation auf die weiße Wand erreicht: das männliche Weiß, das mich leer und ruhig werden läßt. Wenn ich jetzt weiter auf die weiße Wand meditiere, dann sehe ich hinter die Bilderwelten in jene Bereiche, die der Sprache nicht mehr zugänglich sind. Gerade hier pflegt man auf weiße Lichtphänomene zu stoßen, die sich unmittelbar vor der direkten Erfahrung zeigen. Hier kann die Farbe sich noch mitteilen, die Sprache nicht mehr.

5. Das schillernde Weiß

Weiß hat sich Ihnen also vorgestellt. Wissen Sie, mit was Sie es jetzt zu tun haben?
Weiß ist die nährende Milch und die vielbesungene Brust, aus der sie fließt; weiß ist das gebleichte Gerippe des Todes, der nährende, versengende und blendende Strahl der Sonne; weiß ist das Licht einer atomaren Explosion. Das Weiße besitzt die störende Tendenz, sich zu beschmutzen, wie die weiße Farbe im Malkasten auch nicht lange weiß bleibt. Weiß zieht jeden Dreck geradezu an, am Weißen zeigt sich jeder Dreck und Schmutz besonders deutlich und schnell. Heute, in der verschmutzten

Umwelt, wandelt sich jedes Weiß sofort ins Graue. In den Großstädten finden wir schon kein reines Weiß mehr, es sei denn im kalten Neonlicht der Geschäfte, Büros und der Werbung. Das Weiß der Großstädte ist das Cremige, Bräunliche, die Farbe von Blusen alter Damen.

Das reine, beleuchtete Weiß kann sich dem Auge aggressiv aufdrängen. Wenn Weiß sich jedoch mit Staub und Schmutz befleckt hat, pflegt es sich wieder unauffällig zurückzuziehen. Weiß kann sich hinter dem Schmutz und seiner Befleckung verstecken, oder es tritt als blütenreines Weiß aggressiv und unübersehbar hervor.

Weiß ist ebenso eine Farbe der Zentrierung und der Meditation wie Schwarz. Am 20. April 1988 erschien in der deutschen Modezeitschrift *Brigitte* ein Artikel über Weiß als Modefarbe mit dem Tenor: weiß, weil das Leben so bunt ist. Im Weißen wie im Schwarzen kann man wieder seine Ruhe vor einer mit bunten optischen Impulsen überschäumenden Welt finden. Weiß und Schwarz drücken beide eine Reinheit und Klarheit aus, wobei wohl die mehr zur Melancholie hin Tendierenden das Schwarz, die mehr von der Idee der Reinigung und Reinheit Ergriffenen das Weiß vorziehen.

Übung 2: Visualisierung der Farbe Weiß

Um konkret nachzuempfinden, wie Weiß Ruhe und Zentrierung vermitteln kann, möchte ich Sie zu folgender Meditation mit einer Visualisierung anregen:

Legen Sie sich auf den Boden oder auf Ihr Bett, falls Sie meditieren, nehmen Sie Ihre gewohnte Meditationshaltung ein. Schließen Sie Ihre Augen und entspannen Sie sich. Stellen Sie sich vor, daß Sie tiefer und tiefer in den Boden sinken. Wenn Sie sich jetzt vollständig entspannt und bereit fühlen, dann stellen

Sie sich einen kleinen weißen Lichtpunkt vor Ihrem inneren Auge vor, den Sie langsam und behutsam immer größer werden lassen. Wenn Sie nur noch Weiß vor Ihrem inneren Auge sehen, dann lassen Sie sich in dieses Weiß hineinfallen. Versinken Sie in diesem Weiß.

Versuchen Sie nun, dieses reine klare Weiß für etwa fünf Minuten zu halten. Sie werden bemerken, daß dieses Weiß, welches Sie womöglich als Leere erleben, Sie immer ruhiger und zentrierter werden läßt. Zunächst mag das Weiß noch flimmern, was ein Effekt Ihrer inneren Unruhe ist, aber je länger Sie es halten, um so ruhiger wird dieses Weiß und auch Sie selber werden. Probieren Sie diese Übung mehrere Male aus. Wer in der Meditation geübt ist, vermag nach einiger Gewöhnung an diese Übung das Weiß bis zu zwanzig Minuten ruhig vor seinem inneren Auge zu halten und wird tief entspannt und zentriert aus dieser Meditationsübung herausgehen.

Weiß und Schwarz als klassische Dessousfarben drücken zugleich die Zentrierung auf den anderen, die Verführung aus. Welche männlichen Phantasien kennen nicht die Verführung des reinen weißen Mädchens, so wie es sich mit Vorliebe in der Erotik darstellt? Dieses erotische Weiß ist in zweierlei Hinsicht die Urfarbe der Verführung:

Es regt die Verführungsphantasien an, man(n) brennt darauf, es zu verführen. Es regt aktiv zum Verführtwerden an, wie es passiv sich dem Verführtwerden hingibt. In den mehr homoerotischen Männerphantasien zieht wie einst im klassischen Griechenland der weißgekleidete unschuldige Knabe alle Verführungsphantasien auf sich.

Wie man bei der Verführung und dem Verführtwerden oft nicht so recht weiß, woran man ist, so geht es einem in zunehmendem Maße bei der Beschäftigung mit der Farbe Weiß: Eindeutigkeit ist ihr fremd, sie treibt ihr schelmisches Spiel, wenn sie nicht gerade in der Moral erstarrt.

6. Die Wortgeschichte

Schauen wir uns einmal, um mehr Klarheit zu erlangen, die Sprachgeschichte von *Weiß* an, die in allen germanischen Sprachen gleichgelagert ist: Die indogermanische Wurzel des heutigen Farbwortes *Weiß* lautet *kwit*, im Sanskrit *svit*, im Althochdeutschen und Mittelhochdeutschen *Wiz*, was alles soviel wie »weiß sein« oder »glänzend« bedeutet. Weiß ist etymologisch ein Lichtwort, das ursprünglich nur große Helligkeit anzeigte. Weiß ist aus dem Hellen entstanden. Dieses Lichtwort wurde allmählich zu einer immer genaueren Farbbezeichnung, wie es auch nur langsam unter Einfluß des Christentums eine moralische Bedeutung annahm. Im klassischen Griechenland finden wir *Weiß* einzig als Lichtwort gebraucht, zur althochdeutschen und deutlicher noch zur mittelhochdeutschen Zeit wird *Weiß* immer eindeutiger als Farbwort gefaßt. Daß *Weiß* früher längst nicht so scharf und eindeutig als Farbwort verstanden wurde, können wir noch an Begriffen wie *Weißwein*, *weißer Stahl* und *Weißglut* sehen.
Schauen wir uns jetzt *Weiß* als Zauberfarbe an: Von der gleichen Wurzel wie das althochdeutsche *Wiz* stammt auch das Wort *Wiz(z)ago*, das Zauberer bedeutet, manchmal auch Prophet. Im englischen Wort *Wizzard* für Zauberer können wir diesen Zusammenhang noch heute erkennen. Von *Wiz(z)ago* leitet sich ebenfalls unser Wort *Weissagung* und *Weissagen* ab. Die Weissagung gilt als älteste der Zauberkünste, sie ist dem Weißen verbunden, sie bringt Licht in das Dunkel der Zukunft und kann auch blenden wie jeder Zauber. Der Zauber kann verführen oder erlösen, binden oder befreien – all das ist zumindest etymologisch und semantisch dem Farbwort *Weiß* verbunden.

7. Unschuld und Verführung

Diese Betrachtung der Farbe Weiß kreist immer wieder um *Unschuld* und *Verführung*.
Der Begriff »Unschuld« läßt uns sogleich an den moralisch erhobenen Zeigefinger denken. Früher sagte man seinen Kindern: »Jungen und Mädels, bleibt sauber!« und schaute dabei besonders die Mädchen an. Jeder wußte, daß hiermit die Keuschheit beschworen werden sollte. Heute ist es zwar aus der Mode gekommen, moralische Forderungen derart platt zu formulieren, aber seit der Aids-Hysterie ist Unschuld wieder höher im Kurs. Weiß symbolisiert Unschuld als sexuelle Unberührtheit, als Jungfräulichkeit. Aber ich würde den Begriff der Unschuld noch weiter fassen: Rein und unschuldig ist derjenige, der sich nichts Böses denkt, der absichtslos und nicht berechnend handelt. Schuldig ist der Verführer. Der Verführer hat die Absicht, einem anderen die Unschuld zu rauben. Unsere Gesellschaft prägte das Bild des erfahrenen Mannes, jenes Bösewichtes, der die Naivität des ach so unerfahrenen Mädchens ausnutzt – Sie kennen ihn: der Mann, der immer nur das Eine will.
Das Gegenbild zu ihm ist das Mädchen, die Nymphe im weißen Röckchen, die das Männliche mehr oder weniger bewußt sucht, um aus der Fessel der Unschuld erlöst zu werden. Das ist die klassische Eva, die Adam zum Genuß ihrer Frucht verführt.
Unschuld und Verführung, diese beiden (moralischen) Begriffe stellen zwei Pole des Bedeutungsspektrums der Farbe Weiß dar: passiv und aktiv, männlich und weiblich, Moral und Lustprinzip treffen hier aufeinander und entfalten sich in ihrer Spannung, die zugleich den Bedeutungsraum der Farbe Weiß ausmacht.

8. Wegweiser durch dieses Buch

Als erstes werde ich mich in diesem Buch jetzt der Reinigung zuwenden. Wer denkt nicht bei Weiß direkt an Reinheit und Unschuld? Wir werden auf das schneeweiße Einhorn treffen, ein Fabeltier, das uns in die alchemistischen Vorstellungswelten entführt. Im alchemistischen Denken wird beständig nach einem Wirkstoff gesucht, der oft im Merkurprinzip gefunden wird. Nur mit diesem Wirkstoff kann die Reinigung gelingen. Kurzum, es geht in dem Anfangskapitel um Reinigungsrituale gestern und heute, die uns letztendlich auf den komplementären Gegensatz von Schwarz und Weiß stoßen. Das Reine und das Unreine …

Die folgenden Kapitel über das zaubrische Weiß und die Verführung betrachten unseren Umgang mit der Sexualität und der Erotik. Dort treten die weißen Frauen, die Hexen, Viviane und der alte weise Merlin auf; hier tummeln sich weiße Götter und Göttinnen zusammen mit der Jungfrau Maria. Weiß wird unter anderem als Todesfarbe betrachtet, und über allem steht die Idee, den Wandlungscharakter des Weißen zu verdeutlichen, um das zaubrische Weiß zu verstehen.
Im fünften Kapitel stellt sich uns Weiß als Lichtfarbe vor. Zunächst beschäftigen wir uns mit dem männlichen Geistaspekt der weißen Götter in verschiedenen Kulturen, um dann den christlichen Umgang mit dieser Farbe zu betrachten. Das sechste Kapitel liefert die Theorie zur Farbe Weiß und zur Betrachtung des Lichtes bei Goethe und Steiner. Wer lieber erst die Theorie aufnehmen möchte, bevor er sich auf die abenteuerlichen Pfade dieses Buches wagt, der kann auch diesen Abschnitt über Goethe und Steiner vorweglesen.
Am Schluß des Buches finden Sie eine Übersicht über die wichtigsten Belege zur Farbe Weiß in der Literatur, in der Kunst, im Märchen und eine Auflistung der weiterführenden Literatur.

Anmerkungen

1. MELVILLE, Herman: Moby Dick, Würzburg 1972.
2. LONDON, Jack: Wolfsblut, München [5]1987 (Titel der amerikanischen Originalausgabe: White Fang).
3. Der Begriff der Inflation stammt ursprünglich von Carl Gustav Jung. »Von einer Inflation im analytischen Sinne ist dann die Rede, wenn das Ich die ihm gesetzten Begrenzungen überschreitet und zu weit in den Bereich des Selbst vordringt.« (Lexikon Jungscher Grundbegriffe, hrsg. v. H. Hark, [Walter] Olten/Freiburg 1988, S. 81). Mit anderen Worten: Das Individuum identifiziert sich mit dem kollektiven Unbewußten, wodurch das Ich von archetypischen Inhalten überflutet wird. Das führt zu einem aufgeblasenen Bewußtsein, das immer egozentrischer wird und unfähig ist, aus der Vergangenheit zu lernen. (Vgl. dazu genauer C.G. Jung: Gesammelte Werke, Bd. 12.)
4. MELVILLE, Herman: Moby Dick, Würzburg 1972, S. 87f.
5. Es ist interessant zu sehen, wie Melville selbst von der Anderswelt fasziniert war. Er war Angestellter des Zollamtes.
6. Vgl. hierzu: HUNTFORD, Roland: Die Amundsen-Photographien, Braunschweig 1989, und auch BEATTIE, Owen/GEIGER, John: Der eisige Schlaf, Köln 1989.
7. SUNDMAN, Per Olof: Ingenieur Andrees Luftfahrt, Zürich 1989.
8. Aschenputtel. In: Brüder Grimm: Kinder- und Hausmärchen. Vollständige, ungekürzte und illustrierte Ausgabe, Stuttgart 1985, S. 110–118. Schon durch die Farbe der gebleichten Knochen ist Weiß dem Tod verbunden, deswegen sind auch alle Wiedergänger aus dem Totenreich weiß und schattenlos wie die Gespenster.
9. Vgl. dazu genauer: SUZUKI, Bokushi: Schneeland-Symphonie, München 1989. B. Suzuki stammt selbst aus Echigo.
10. RANKE-GRAVES, Robert von: Die weiße Göttin. Sprache des Mythos, Hamburg [2]1988 (hier wurde durchweg die englische Ausgabe benutzt: GRAVES, Robert: The White Goddess, London/Boston 1984).
11. Vgl. hierzu auch: JUNG, C.G.: Gesammelte Werke, Bd. 14, II, S. 81. Siehe hier auch den Topos der WEISSEN FRAU – im slawischen Märchen meist JAGA-BABA genannt. Wenn der Held dieser WEISSEN FRAU im Märchen begegnet, wird sein Leben und seine Sichtweise der Welt grundlegend verändert. Ein abschreckendes Aussehen bekommt diese WEISSE FRAU und Hexe erst unter dem Einfluß der christlichen Autoren, die diese mündlichen Überlieferungen im 18. und 19. Jahrhundert niederschrieben. Im deutschen Märchen stellt die Frau Holle – mit starken Anklängen an die germanische Unterweltsgöttin Hel – eine solche WEISSE FRAU dar.
12. Weiß scheint sich gern mit der Unterdrückung zu verbinden: In England wurde die Judenunterdrückung maßgeblich von einem Gesetz, das THE WHITE PAPER genannt wurde, in Gang gesetzt. Vgl. dazu genauer: THE CONCISE JEWISH ENCYCLOPEDIA, hrsg. v. Cecil Roth New York/London

et al. 1980, S. 542. Siehe auch die sogenannte WEISSE FOLTER (UN-Resolution 39/46, 1984), die in der BRD auch als ISOLATIONSFOLTER bezeichnet wird. Interessant ist in diesem Zusammenhang, daß ein Abgeordneter der allgemein als schwarz bezeichneten Partei CDU (vgl. Aufkleber der Jungen Union »Black is beautiful«), nämlich ein Herr Seesing, am 17. 3. 1989 zur Frage der WEISSEN FOLTER ausführte: »Eine Rechtspflicht zum Weiterleben besteht nicht.« (Zitiert nach: »Kölner Erklärung für die Zusammenlegung und Haftentlassung«. In: Stadt Revue, Kölns Stadtillustrierte, 14. Jg., Nr. 5, Mai 1989, S. 4.) Hier stehen Schwarz wie Weiß auf der Seite des Todes.

13. Wie wir auch an dem verbreiteten Sagentopos von der Weißen Frau sehen können.

Kapitel 1

Reinigungsrituale – Die Weißung

»Wer viel Milch trinkt, reinigt sich so, daß er weiß wird.«
(Deutscher Volksmund)

Die Verbindung der Farbe Weiß mit Reinheit springt jedem ins Auge, scheint offensichtlich, zumindest in unserem Kulturbereich. Wir verbinden das Weiß durch seine geschichtliche Entwicklung und die Bilder der modernen Werbung assoziativ eng mit Reinigung, Sauberkeit und Reinheit. Besonders in den alchemistischen und christlichen Vorstellungswelten wurden auf das blütenweiße Einhorn, das märchenhafte Fabeltier, seit dem Mittelalter alle Hoffnungen und Befürchtungen, die mit der Farbe Weiß verbunden waren und sind, projiziert. Das weiße Einhorn führt uns dann zu den weißen Vögeln, die wie das schneeweiße gehörnte Fabeltier geistige Vorstellungswelten als Boten Gottes oder der Götter symbolisieren. Fangen wir aber zunächst einmal bei der Reinigung bzw. der Weißwäscherei an.

1. Die Weißwäscherei

Man betont in Äußerlichkeiten oft das, was man gerade nicht hat: Wenn innerlich und äußerlich die gesamte Welt verschmutzt ist, wird alle Hoffnung in das Weiße gesetzt. Wir wissen und fühlen, daß wir nicht mehr weiß und unschuldig sind. Weiß ist immer das andere, die Leere. Es ist das, was wir nicht sind, wohin wir wollen, die körperlose Welt, die weiße Welt des Todes, aus der die weißen Geister stammen. Die weißen Seelen leben im Paradies wie im Schlaraffenland, während die schwarzen und roten in der Hölle braten. Weiß ist Thanatos, dem

Todestrieb verbunden, aber es bringt auch Glück, Liebe und Leben, wie wir in diesem Kapitel noch sehen werden.
Weiß, hell und klar dem Licht entgegenzustreben, das stellte das Ideal der Griechen und der Klassik dar, das in einigen Statuen der faschistischen Kunst noch widerhallt. Ganz in Weiß gehen noch heute diejenigen gekleidet, von denen man sich Reinigung verspricht: Ärzte, indische Gurus, der Papst und die Naturwissenschaftler – letztere zumindest an ihrem heiligen Ort, dem Labor.

Das Männliche[1] mußte sich anstrengen, um das Schwarze des Fruchtbarkeitskultes der Großen Göttin zu verdrängen.[2] Denn ihre Kulte zogen (in den Augen der Reinheitsapostel) zu viele sexuelle Projektionen des Männlichen an. Mit der Propagierung des Weißen, der Reinheit, konnte die schwarze Natur verdrängt werden. So wurde Weiß die Farbe der Unschuld, des Geistes – aber letztendlich auch des Todes. Weiß wurde das ideale (ideologische) Reinigungsmittel, das uns bis heute in Gestalt des »weißen Riesen« als Waschmittel verfolgt. (Man beachte das Erdrückende und Bedrohliche dieses Markennamens ...)
Ist die weiße Reinheit ein unerreichbares Ideal für uns alle geworden, das man sich nicht mehr vorzustellen wagt, da die Sehnsucht nach dieser Reinheit zu sehr in tiefen Seelenschichten brennt?
In New-Age-Kreisen dagegen kann man diese Sehnsucht nach Reinheit und Reinigung heutzutage noch ungebrochen bei den beliebten Channeling- und Ufo-Veranstaltungen ausleben. Hier kommuniziert man mit reinen Geistwesen, es wird vom *Lichtnetz* und der *Lichtzeit* gesprochen, man reinigt Körper und Geist in der Schwitzhütte und auf Workshops aller Art. Man hofft, sich bis zur Erleuchtung hin zu reinigen, was fatal an die Waschmittelwerbung erinnert, die der Hausfrau vorzugaukeln versucht, daß sie sich durch Reinheit von ihrem schlechten Gewissen befreien könne.

Spätestens seit der Mitte des 19. Jahrhunderts verfolgt man besessen alle Flecken und allen Dreck, denn jede Unreinheit verschärft den (scheinbaren) Widerspruch von Körper und Geist. Das Ideal des Gleichklangs von Körper und Geist wird im strahlendsten, reinsten Weiß gesehen, das auch den leichtesten Anflug von Sündhaftigkeit vertreibt. Menschen fühlen sich durch weiße Kleidung »rein«, was nur den Sauberkeits- und Reinigungswahn beschleunigte, der sich erst im 20. Jahrhundert auf den makellos reinen Körper ausdehnte.

Weiß macht seinen Träger unbefleckt korrekt, besonders in der »verborgenen« Welt der Unterwäsche, in der jeder Fleck als böse Überschreitung angesehen werden kann. Um dieses strahlende Weiß der Unterwäsche zu bewahren, ist ein großer Aufwand nötig, der von der italienischen Frauenbewegung als »Opferritus der Frau für die Reinheit« bezeichnet wurde.

Um nach außen hin zu zeigen, daß sie auf dem Weg zur Erleuchtung sind, bevorzugen manche Frauen weißgebrochene Farben wie Rosatöne in ihrer Kleidung, die dann später blütenweiß wird. Bei Männern geht man oft gleich zum Weiß über. Man achte auf die Garderobe von New-Age-Stars wie Chris Griscom, die sehr bewußt Farben in ihren Vorträgen einsetzt. Hier dominieren Weiß, weißgebrochenes Rot (Rosa) und gebrochenes Blau (Babyblau), Farben, die man in anderem Zusammenhang als Kitschfarben bezeichnen würde.

In der Light-Age-Bewegung, dem jüngsten Kind der New-Age-Bewegung, versucht man sich auf das Weiße, das Reine einzuschwingen, eine sehr verständliche Haltung angesichts einer derart verschmutzten Welt; allerdings sollte man dabei den Blick auf die eigenen dunklen Seiten nicht vergessen.

In der Nahrungsmitteltechnik führt der Trend zu weißen Lebensmitteln zu mörderischen Reinigungsritualen. Ich würde den modernen Ernährungswissenschaftlern recht geben, die behaupten, daß fast alle weißen Lebensmittel ein körperbelastendes Gift darstellen. Weißes Mehl, weißer Zucker, weiße Schokolade und Weißbrot sind ungesund, gerade weil sie von allen Nähr- und Ballaststoffen »gereinigt« sind. Unsere Innenwelt wird durch weiße Lebensmittel – außer vielleicht die Milchprodukte und die Milch – verschmutzt: innere Umweltverschmutzung ...

Ich denke auch an das weiße Kalbfleisch, das nach der Devise »je weißer, desto besser« verkauft wird. Nichts in der Farbe darf mehr an das Blut, die Tötung des Tieres erinnern. Für die Kälber ist diese Einstellung fatal, denn sie führt zur Viehhaltung in engen Ställen, da das Fleisch um so weißer wird, je weniger die Tiere sich bewegen.

Wie sich die Sehnsucht nach der Reinheit noch bis ins 19. Jahrhundert ausdrückte, möchte ich kurz am Weißbrot skizzieren: Ursprünglich galt das Weißbrot als die Lieblingsspeise der Vegetationsdämonen (z.B. in der Lüneburger Heide gut belegt). So wurde das Weißbrot in die Verehrung einbezogen. Neue Technologien machten schließlich seine vollkommene »Reinheit« möglich. Von einer verehrten Kultspeise stieg Weißbrot dann zum besonders feinen modischen Nahrungsmittel auf. Bei Hochzeiten und zu Weihnachten aß man Weißbrot, und zu Weihnachten gab man selbst Bettlern etwas Weißbrot ab. Wenn das Weißbrot nicht geehrt wurde, dann rächte es sich, wie es sich für eine heilige Speise gehört: Der Sage nach sollen die Bergknappen am Lüderich mit Pferdeschädeln nach Weißbrotkegeln geworfen haben, worauf das gesamte Lüderich-Gebiet unterging. Ähnliche Sagen gibt es aus Pommern, von der friesischen Küste und aus anderen norddeutschen Gegenden.

Das Weißbrot war mit der Zeit so rein geworden, daß es geradezu wie eine Hostie betrachtet wurde. Als es dann Weißbrot öffentlich zu kaufen gab, war es zum reinen, feinen Brot geworden, dem der Flair des Besonderen, wenn nicht gar des Göttlichen anhaftete.

Das Ideal »Weiß« führte auch zum chemisch weißen, holzfreien Papier, was hohe Gewässerbelastung mit sich bringt, ebenso wie das Abfallprodukt der weißen Kleidung, das Titanoxyd, das als »Dünnsäure« in die Nordsee gekippt wird. Waschmittel enthalten zudem Bleichstoffe, die enorm zur Umweltverschmutzung beitragen.

Das bei Waschmitteln, Lebensmitteln und Papierherstellung angestrebte Weiße wird so zur Farbe des Todes.[3]

Ob man sich nun geistig reinigen möchte oder den »Reinigungstrip« der eben aufgeführten Industrien mitmacht, immer ist diese Haltung auch vom Todestrieb (Thanatos) her geprägt.

Die katholische Kirche besitzt in ihrer Farbsymbolik eine sehr spezielle Einstellung zum Weiß: Maria, durch die weiße Lilie symbolisiert, wird vom Geist befruchtet und bleibt rein weiß und unbefleckt, trotz der Empfängnis und Geburt eines Kindes. (Warum ließen Frauen es sich gefallen, in diesem Zusammenhang als »unrein« bezeichnet zu werden?)

In die weiße Maria dringt etwas anderes ein, der Geist, der ebenfalls weiß symbolisiert wird, und so kann Maria rein und weiß bleiben und den weißen Herrscher hervorbringen. Es wird eine reine Welt kreiert, ein Ideal, das wohl nur im Himmel erreicht wird. Man müßte schon Christus selbst sein, um das Himmelreich auf die Erde zu bringen. Ironischerweise ist der reale Himmel heute besonders verschmutzt.

Das Christentum hat jedoch auch, um seine Lehre rein zu halten und durchzusetzen, gegen das Weiße gekämpft. Den Germanen waren die weißen Pferde heilig, was auf die keltische Muttergottheit Epona zurückzuführen ist, der ein Schimmel zugeordnet wird. Diese heiligen weißen Pferde der Germanen wurden im Bekehrungseifer getötet oder zumindest als Teufelspferde bezeichnet. Einen Nachhall davon kann man noch in Theodor Storms »Der Schimmelreiter« spüren.

Um mit Bert Brecht zu sprechen: Wir leben in einem Zeitalter der Weißwäscher. Es ist das Goldene Zeitalter der Intellektuellen[4], die alles, was auch immer geschieht, reinwaschen. Die

Weißwäscher sind nach Brechts »Turandot oder Der Kongreß der Weißwäscher« die Intellektuellen, die opportunistisch ihren Intellekt mißbrauchen. Das sind die Herren mit der ewig weißen Weste oder in manch totalitärem Regime gewissenlose Ärzte im weißen Kittel, die Menschen foltern, wie Amnesty International zu Recht anprangert.[5]
Gerade als Farbe der Reinigung und des Reinen besitzt Weiß einen sehr zwiespältigen Charakter, der letztlich vom Tod überschattet ist. Kapitän Ahab möchte sich auch reinigen, indem er seinen Haß am weißen Wal auslebt. Der Begriff der Reinigung ruft heutzutage viele Assoziationen hervor.
Zum Schluß dieses Abschnitts über den Reinigungszwang möchte ich eine für unsere Zeit typische Respektlosigkeit der Werbung anführen: *Ariel* ist ursprünglich ein Engel (Ariel heißt auf Hebräisch »der Feuerherd Gottes«[6]) und somit ein weißes (sogar ein weißglühendes) Geistwesen. In der Welt der Kabbala wirkt Ariel als Wassergeist, in den Fabeln des Mittelalters stellt er wie in Shakespeares Komödie »The Tempest« (»Der Sturm«) einen Luftgeist dar. Auf alle Fälle ist der mythologische Ariel ein weißes und somit reines Geistwesen. Dieses hehre Geistwesen mußte im 20. Jahrhundert in der Atmosphäre des kollektiven Putzzwanges seinen Namen für ein Waschmittel hergeben. Der gute Geist dient nun der Waschmittelindustrie mit all ihren ökologisch unverträglichen Auswirkungen. Der gute Geist soll in die Wäsche gebannt werden, sie weißen, aber er wird zum dämonischen weißen Totengeist in den Gewässern unseres Planeten. Ich habe mich gefragt, warum man solch ein Waschmittel *Ariel* nennt. Ist es die meist unbewußte Assoziation des schneeweißen Engels, des Symbols der Reinheit (einer Reinheit, die nur noch in der Sehnsucht lebt) oder des reinen, lustigen und klaren Geistwesens wie Shakespeares Ariel und die weißen Naturgeister gleichen Namens? Die Reinigung wird uns als Vergeistigung und Ideologie angeboten, auch wenn es sich nur um unsere Socken handelt.

2. Das Glück kommt ganz in Weiß

a) Die Braut und die Hochzeit

Weiß ist die klassische Farbe der Braut[1] bei der Hochzeit, so denkt man. Was uns heute selbstverständlich scheint, hat sich jedoch erst im 19. Jahrhundert eingebürgert: das rein weiße Hochzeitskleid. Vor ein paar Jahrhunderten jedoch, auf der glanzvollsten Hochzeit des späten Mittelalters zwischen Lucrezia Borgia und Alfonso d'Este (1502), demonstrierte Lucrezia Borgia durch ein schwarzsamtenes Hochzeitskleid wirkungsvoll ihre Macht. Avantgardisten allerdings geben sich auch heute nicht mit Weiß zufrieden. So schuf der Münchner Modeschöpfer Siegfried Oselka 1985 ein kühnes Hochzeitskleid aus sehr viel schwarzem Stoff, das im Münchner Stadtmuseum zu bewundern ist.[2] Aber lassen wir uns nicht von solchen Extravaganzen ablenken: Eine Frau aus gutem Hause heiratet ganz in Weiß, mindestens so romantisch wie bei Sissi (Elisabeth von Österreich). Die beiden angeblich schönsten Frauen des 19. Jahrhunderts, die Kaiserin Eugenie und die Kaiserin Elisabeth, heirateten ganz in Weiß, wie auch Elisabeth von England (1947), Fürstin Gracia Patricia von Monaco und nicht zu vergessen Lady Diana Spencer (1981), als sie Prinz Charles ehelichte.

Heute wird das hochzeitliche Weiß mit der Unschuld und der Reinheit (im Sinne von Unberührtheit) erklärt, obwohl sicherlich die meisten Bräute diese Voraussetzung zum Tragen des weißen Kleides nicht erfüllen. Dennoch bleibt man, besonders in den sogenannten gutbürgerlichen Kreisen, beim weißen Hochzeitskleid der Braut[3], wobei der Bräutigam meist schwarz gekleidet auftritt.

Hier schimmert eine viel ältere Schicht als die der christlichen Moral durch.[4] Ursprünglich galt nämlich die Lichtfarbe Weiß als eine kraftvolle Schutzfarbe. Der Täufling als das kleine hilflose Baby braucht das weiße Schutzkleid, um nicht den bösen Mächten zu verfallen. Im Laufe der Zeit wurde unter den Hän-

den der christlichen Priester die Schutzfrage zur Unschuldsfrage.
Die Braut muß weiß sein. Warum eigentlich?
Bei der Entjungferung, die nach Auffassung der katholischen Kirche nicht vor der Hochzeitsnacht stattfinden sollte, wird die Braut sozusagen geöffnet. Und wo etwas offen ist, kann leicht ein böser Geist einfahren. Aber jenseits dieser sexuellen Ebene schwingen noch andere, viel tiefere Bedeutungen mit: Die Hochzeit stellt den Übergang zu einem neuen Lebensabschnitt dar, und bei solchen Übergängen im Leben benötigt man einen besonderen Schutz. Jeder dieser Übergänge bringt das Unbekannte, das Ungewisse, das der Mensch so schlecht ertragen kann und das ihn so zum Wachstum fordert. In solchen Zeiten des Übergangs in das Unbekannte ist der Schutz der Farbe Weiß sehr willkommen. Nicht zuletzt soll die Braut das Licht in das Eheleben und die zu gründende Familie bringen. Die Mutter einer jeden Werbefamilie könnte zugleich strahlende Braut sein.

Übung 3: Schutzmeditation

Auch Sie können hier und jetzt die schützende Kraft der Farbe Weiß nachempfinden. Bevor Sie heute wieder in die Außenwelt gehen, andere Menschen treffen und arbeiten, nehmen Sie sich für diese Schutzmeditation eine Viertelstunde Zeit.
Legen oder setzen Sie sich hin, wie es Ihnen bequem ist. Schließen Sie Ihre Augen und entspannen Sie sich. Wenn Sie sich vollkommen ruhig fühlen, Ihr Atem regelmäßig und rund läuft, dann stellen Sie sich vor, wie ein reines weißes oder weißlich durchsichtiges Licht Sie umhüllt. Halten Sie diese Vorstellung für fünf bis zehn Minuten, bevor Sie sich recken, strecken und dabei gähnen. Öffnen Sie Ihre Augen und gehen Sie jetzt in die Außenwelt.
Diese Schutzmeditation auf die Farbe Weiß empfiehlt sich be-

sonders bei Heilern, damit sie nicht die Krankheit Ihrer Patienten übernehmen. Sie kann aber auch erfolgreich vor jeglicher Konfrontation mit schwierigen Menschen bzw. Situationen angewandt werden. Sie werden dabei von der Kraft der Farbe Weiß geschützt und abgeschirmt.
Die Vermählung stellt den Tod des alten und die Geburt des neuen Lebens dar, und die Lebenssituationen Tod und Geburt werden durch Weiß symbolisiert: Wie könnte da die Braut anders als weiß sein? Übrigens trifft im abgeschwächten Maße das gleiche für den Bräutigam zu: Er trägt Schwarz (mit weißem Hemd!), das den Tod und die Erde symbolisiert und daran gemahnt, daß alles neue Leben zunächst nur im Schwarzen heranwachsen kann. Der Bräutigam geht in Schwarz und Weiß zu seinem »Begräbnis«, die alte Lebensform des Junggesellen muß sterben, auf daß eine neue fruchtbare Lebensform gestaltet werde.

Die Farbe Weiß zeigt sich beim Hochzeitsritual in vielen Funktionen:

- Die Schutzfunktion in bezug auf böse Geister und Dämonen bzw. den Teufel. Alle diese Personifikationen der inneren Spannungen werden durch die Farbe des reinen Lichtes verscheucht.
- Die Lichtbringerfunktion, bei der das Licht die Dunkelheit erhellt. Die weiße Braut verheißt das Licht in den grauen Alltag zu bringen. Sie stellt sozusagen die weibliche und zugleich erlöste Form des schwarzen Luzifer-Prinzips dar.
- Weiß als Farbe der Vergeistigung. In der Taufe wie auch bei der Hochzeit hofft man, daß der Geist Gottes sich segnend herabsenken möge.
- Die moralische Funktion: Weiß ist das Unberührte, das Reine und Jungfräuliche.

Und gerade wegen dieser starken Beziehung zum Weißen zieht es die Braut zum Männlichen, zum Schwarzen hin. Die Hochzeit feiert die Braut ganz in Weiß, um sich auf das schwarze Männliche einzulassen. Eigentlich müßte man korrekterweise sagen, daß die Hochzeit ein schwarz-weißes Fest sei – oder ist der Bräutigam völlig unwesentlich?

Mit der Hochzeit wird ein Fest der Ganzheit gefeiert, denn die weiße Braut und der schwarze Bräutigam stellen eine Ganzheit dar, Gegensätze, die sich komplementär ergänzen. Wie in der Seele so findet auch in der Hochzeit Helles und Dunkles zueinander. Das erinnert an Platons Bild vom Wagenlenker mit dem weißen und dem schwarzen Pferd, ein Bild, das in der Tarotkarte *Der Wagen* wieder auftritt und das uns an das Aufseufzen des Doktor Faust gemahnt: »zwei Seelen wohnen – ach – in meiner Brust«, die kein menschlicher Wagenlenker meistert, wie Faustens Schicksal deutlich zeigt.
Steiner spricht von der Vergeistigung des Weißen durch das Schwarze. Wenn Schwarz und Weiß sich gegenseitig bedingen, so schließen sie sich auch gegenseitig aus. Das wußte schon Thomas von Aquin, wenn er in seiner »Summa theologica«[5] Aristoteles zitiert: »... daß dasjenige weißer ist, was weniger mit Schwarz vermischt ist.«
Die Farben Schwarz und Weiß ziehen sich beständig an, da sie zusammen erst ein Ganzes machen. Das sagt die Lehre des Tarot, diejenige von *Yin* und *Yang* und auch die analytische Psychologie C.G. Jungs. Im Schwarz und Weiß der Hochzeit wird diese Einsicht im alltäglichen Leben inszeniert und erlebt. Die beiden sich Vermählenden sollen wie eine Seele leben, in der die Gegensätze sich vereinigen. Es liegt im Wesen der Farbe Weiß, daß sie das Dunkle sucht, um besser leuchten zu können. Weiß lebt oft aus seiner Kontrastwirkung zum Schwarzen.
Diesen Mythos von der Anziehung zwischen Schwarz und Weiß finden wir trivialisiert in dem Lied Freddy Quinns von der weißen Bäckersfrau wieder, die den schwarzen Schornsteinfeger verführt. Als Personifikation des schlechten Gewissens und

weißer Racheengel tritt der weiße Bäcker in sein Schlafzimmer, worauf der schwarze Schornsteinfeger am nächsten Tag mit blauen Augen gesehen wurde. (Dieses Lied verarbeitet selbst noch Goethesches Wissen, daß aus dem Schwarzen das Blaue entsteht).

Weiß allein tendiert zu einer ungesunden Einseitigkeit – das hätte sicherlich auch die Bäckersfrau gesagt –, zu einer Überidentifizierung mit dem Unschuldigen, Reinen und Heiligen, die leicht zur Illusion über sich selbst, wenn nicht zum Größenwahn verleitet. Die scheinbare Harmlosigkeit des Weiß wird vom Unbewußten meist durch ein dazutretendes Schwarzes kompensiert. Mythologisch konstelliert sich dieser Zusammenhang u.a. in den Frauengestalten von Demeter (weiß) und Hekate (schwarz).

Weiß kann sich erst neben Schwarz entfalten: Reines Weiß, neben eine neutrale Farbe (wie z.B. Grau) gesetzt, wirkt längst nicht so weiß wie ein Weiß, das neben Schwarz gesetzt wurde.

Diesen Schwarz-Weiß-Effekt nutzte die Pop- und Op-Art genüßlich aus. Weiß und Schwarz treffen aufeinander, auf daß beide mehr glänzen: die Spannung zwischen Unschuld und Verführung, die Verführung zum Glanz ...

Die Spannung zwischen Unschuld und Verführung, Gut und Böse macht das menschliche Leben aus, und so verwundert es nicht, wenn C.G. Jung im »Aion« berichtet, daß weiße und schwarze Vögel zu den häufigsten Bildern im Traum moderner Menschen gehören:

> *»Weiß kann nicht ohne Schwarz sein, und der Teufel nicht ohne Heiligkeit. Gegensätze sind Brüder, von denen der Osten sich durch sein* nirdvandva *(›frei von den Zweien‹) und sein* neti-neti *(›nicht dieses, nicht jenes‹) zu befreien versucht, oder die er, wie der Taoismus, in unheimlicher Weise in Kauf nimmt.«*[6]

Der deutsche Mystiker Jakob Böhme sah die Verbindung von Schwarz und Weiß im Auge gegeben: Das Auge ist das Vorbild

Abb. 1: Yin-Yang-Symbol

des Mandalas, des heiligen Kreises der Vollkommenheit. Das Auge bedarf des schwarzen Zentrums in seinem Inneren und des weißen Äußeren, um das Sehen zu erzeugen ...

Die untrennbare Verbindung von Schwarz und Weiß wird noch zusätzlich durch den schwarzen Kern im Weißen und den weißen Kern im Schwarzen ausgedrückt. Deutlicher kann die Hochzeit von Schwarz und Weiß oder die *Conjunctio* nicht ausgedrückt werden.
Außer zum Schwarzen scheint die Farbe Weiß einen Hang zur Verbindung mit dem Roten zu besitzen. Rot und Weiß sind die traditionellen Hochzeitsfarben und zugleich die Farben der Alchemie, die die Vereinigung der Gegensätze auf die Materie projiziert. Rot und Weiß, die Liebe und die Unschuld ...
Nach der vollzogenen Hochzeit mußte in manchen Gegenden das schneeweiße Laken mit dem blutigen Fleck geradezu als Fahne öffentlich sichtbar aufgehangen werden – zum Beweis der verlorenen Unschuld und der Potenz des Bräutigams. Und natürlich zum Beweis des Vollzuges der Hochzeit. Nach katho-

lischem Kirchenrecht ist ohne *Cohabitatio* mit *Emissio seminis* die Hochzeit nicht vollzogen. Das heißt, es besteht geradezu eine Verpflichtung, daß das Weiße sich befleckt und seine Unschuld verliert.

Erinnern wir uns noch einmal an die Geschichte vom weißen Einhorn, das mit Hilfe der Jungfrau getötet wird. Ich denke da an eine Darstellung der Tötung des Einhorns, die ich im »Bestiarium Ashmole«[7] sah:

Abb. 2: Das Einhorn, das von einer Jungfrau gefangen wird (aus dem »Bestiarium Ashmole«, ca. 13. Jhdt.)

Die unschuldige Jungfrau hält den Kopf des Einhorns ganz zärtlich in ihrem Schoß, das Einhorn schaut sie mit treuen Augen an, während es ein Mann mit seinem Spieß durchbohrt und ein zweiter schon seine Axt schwingt, um das Einhorn zu enthaupten. Meine erste Assoziation dazu war der Gedanke, daß das unschuldige Einhorn an Stelle der Jungfrau durchbohrt wird, im Grunde die Darstellung einer Entjungferung ...
Meine zweite Assoziation zeigte mir die männliche Seite des Bildes: Die ideale, reine Männlichkeit – das Einhorn hat ein prächtiges Horn – wird von der realen »dreckigen« Männerwelt aus dem Weg geräumt. Das Einhorn spricht eine ideale, nicht männliche Sexualität an, die von den anderen Männern bekämpft wird ... Die ideale Sexualität mit dem geistigen Einhorn, die vergeistigte Sexualität, muß geopfert werden, auf daß es zur Fortpflanzung kommt. Denn die Liebe mit dem Einhorn ist auf der materiellen Ebene unfruchtbar, sie ist nur geistig befruchtend.
Das weiße Einhorn, das die Unschuld verkörpert, muß getötet werden. Die weiße Unschuld muß sterben, die unschuldige Jungfrau wird an seinem Tod schuldig: und das alles nur, um an das weiße Horn und den roten Karfunkel zu kommen. Wer die besitzt, der hat sein Heil gewonnen. (Man beachte, daß die Jungfrau das Heil schon besitzt, sie braucht nicht um das Heil bzw. das Horn des Einhorns zu kämpfen.) Zumindest kann er nicht mehr vergiftet werden, er kann jede Verletzung heilen und hat unsagbares Glück. Für das Glück der anderen muß die Unschuld sterben, aufgegeben werden. Wird sie geopfert, dann bekommt der andere den roten Stein und das weiße Horn, die Hochzeit wird gefeiert, es winkt ewiges Heil. Die Unschuld muß in der Haltung, den anderen zu heilen, aufgegeben werden, das weiße Einhorn wird rot von seinem eigenen Blut. Rot und Weiß verbinden sich, sie gehören wie Horn und Karfunkel oder wie zwei Schwestern zusammen (vgl. auch »Schneeweißchen und Rosenrot«).

Die Hochzeit ist das weiße Fest des letzten Tages der Unschuld. Es ist gesellschaftlich und biologisch sinnvoll, daß die Unschuld aufgegeben wird. Da lohnt es sich schon, ganz in Weiß zu feiern.
Wer lebt, der wird schuldig. Überall lauert die Sünde, und wer kann nicht selbst all die kleinen Sünden und Verfehlungen bemerken, die das Leben mit sich bringt? Man kann nicht rein weiß durchs Leben gehen, ohne sich zu beflecken. Alle unsere Verspannungen deuten darauf hin, daß wir den unumgänglichen Verlust der Unschuld nicht aushalten. Im Weiß gerinnt der Ausdruck der Sehnsucht nach jenem unschuldigen Zustand, der nur in der Loslösung vom Körper zu erreichen ist. Deswegen tragen Asketen oft Weiß. Weiß drückt die Sehnsucht nach der Überwindung des Körpers aus, Weiß strebt die Vergeistigung an. Es scheint, als ob die Schuld und somit auch die Sehnsucht nach der Unschuld dem schwarzen Körper eingeboren sei.
In der Sehnsucht nach dem Weißen streben wir geistige Höhen an, gehen den Weg der weißen Wolke[8] ... Wer einzig den Weg der Unschuld geht, der erteilt dem lebensvollen Rot eine Absage. Weiß und Rot sind Schwestern, da die Unschuld um des materiellen Lebens willen aufgegeben werden muß. Das Rote gemahnt das Weiße an die Entjungferung (und die Geburt), wie schon die drei Blutstropfen im Schnee Parzival an seine Geliebte erinnern. Weiß als Schutzfarbe wird im Laufe der Geschichte zu Weiß als Farbe des Festes, des Feierns und nicht zuletzt der Schönheit.[9] In Mozarts »Zauberflöte« wird das schöne Mädchen als weiß wie Kreide besungen. Vielleicht sollte man auch angesichts der Schönheit und beim Feiern daran erinnert werden, wie leicht man sich bei solchen Gelegenheiten beschmutzt.

b) Weiß als Glücksfarbe

Wenn Weiß eine mächtige Schutz- und Zauberfarbe darstellt, dann muß es auch eine Glücksfarbe sein, denn was nutzt der ganze Zauber, wenn er nicht zum Glück führt?

Beginnen wir mit einem siamesischen Spruch:

> *»Wenn ein weißer Affe die Stadt betritt und auf dein Haus klettert, dann opfere mit Gold und Silber und mit weißen Tüchern, denn ohne Ende wird dein Glück sein.«*

Weiß verheißt ein orientalisches Glück ohne Ende, wie bei uns eine weiße Turmschwalbe oder ein weißer Hahn. Man opferte früher ein weißes Tier, um das Glück zu bestechen, noch vor gar nicht so langer Zeit »genügte« es für ein Mädchen, einhundert weiße Pferde in einem Jahr zu sehen, und sie hielt das Glück in ihren Armen. Das weiße Hochzeitskleid der Braut soll eine Fülle von Glück beschwören.

Hier wird der sich ausweitende Charakter der Farbe Weiß angesprochen, um die jedem Glück immanente Mehrung zu symbolisieren. Glück stellt man sich ganz in Weiß vor. Es gibt viel Licht, ein eigenartiges Leuchten auf dem Gesicht des Glücklichen, es kann einem den Weg leuchten, es weitet sich aus, macht alles größer, es bringt Fruchtbarkeit und Macht. Weiß ist die Farbe des Glücks, so beherrscht es die festliche Kleidung der Frauen nicht nur an ihrem Hochzeitstag.

Als Farbe des Glücks bezeichnet Weiß den Gewinner oder den Ersten im Spiel: Weiß zieht im Schach zuerst (wie in den meisten Brettspielen), und im Spiel bedeutet die weiße Seite des Steines oder der weiße Stein meist Glück oder Gewinn.[10]

Mit Weiß ist man vom Licht, vom göttlichen Geist beschienen. Mit Weiß hat man an einem mächtigen Glückszauber teil. Wer unschuldig geblieben ist oder zumindest auf die Unschuld und Reinheit setzt, dem winkt das Glück. Der darf sich dann verlieben, was dem Volksglauben nach kleine weiße Flecken auf dem Nagel des Daumens, Ringfingers oder des kleinen Fingers anzeigen.

Weiß als Glücksfarbe steht unter dem Motto: Wer den Weg des Lichtes wählt, der hat Glück. Es ist die Wahl des Weißen, die einem Glück bringt. Der Volksglauben mit seinem Hang zur Konkretisierung macht daraus »Milch zu trinken bringt Glück«,

»Weißes Fleisch zu essen macht glücklich« oder »Weißbrot zu essen bringt Glück«[11]. Die einzelne Speise wird nur unter dem Aspekt ihrer Farbe gesehen. Nach farbtherapeutischen Überlegungen wirkt schon die Farbe der genossenen Speise auf unseren Organismus. Die weiße Speise charakterisiert das heilige Mahl als das heilende Mahl. Man bereitete früher von dem Fleisch der weißen Opfertiere ein heiliges Mahl, das Glück bringen sollte. Bei der Hochzeit wird heutzutage der weißglasierte Hochzeitskuchen gegessen, das Weiß wird verinnerlicht, und so trägt man das Glück unverlierbar in sich.
Solch ein glückverheißendes Weiß findet sich jedoch hauptsächlich in unserer Kultur. Im alten China zum Beispiel wird nach Hans Biedermanns »Lexikon der Symbole«[12] Weiß als Unglücksfarbe angesehen, da Weiß dem Alter und dem Herbst, also dem Absterben verbunden ist.[13]

3. Das schöne Einhorn

Zunächst möchte ich das Einhorn in der Beschreibung von Ktesias (etwa 400 v. Chr., erster »Einhornspezialist« der Geschichte) vorstellen:

> *»Die wilden Esel sind, wie ich höre, in Indien nicht kleiner als die Pferde. Der übrige Leib ist weiß, der Kopf dem Purpur ähnlich, die Augen haben eine dunkelblaue Farbe. Sie haben ein Horn auf der Stirn, gegen ein und einhalb Ellen lang, der untere Teil des Hornes ist weiß, weiter oben purpurn, die Mitte völlig schwarz.«*[1]

Meist ist jedoch das Horn des Einhorns »als vom reinsten Weiß gemacht« beschrieben. Nach chinesischer Auffassung gehört das Einhorn zu den höchsten aller vierfüßigen Lebewesen, es ist ein wohlwollendes, geistiges Tier.
Das Einhorn ist kein festumrissenes Wesen, es stellt ein vielfach variiertes Fabelwesen dar. Zunächst steigen Bilder von einhörnigen Pferden in uns hoch, aber in finsteren Winkeln unserer

Seele mögen wir auch einhörnige Drachen, Fische und Skarabäen finden. Eins ist allen diesen Einhörnern gemein: Sie besitzen ein Horn und sind von schneeweißer Farbe, wie schon in der »Chymischen Hochzeit« von Christian Rosencreutz, wo das makellos weiße Einhorn dem Löwen seine Reverenz macht, ganz wie im englischen Staatswappen.[2]

»Das Einhorn oder der Löwe (symbolisieren) aber die wilde, ungebändigte, männliche, penetrierende Kraft des ›spiritus mercurialis‹.«[3]

Nach C.G. Jungs alchemistischen Studien[4] symbolisieren Einhorn und Löwe zugleich den Mercurius, jenen quicklebendigen Wandlungsgeist. Später in der christlichen Tradition hat sich dieser Wandlungsgeist in die weiße Taube verwandelt.[5]

Es ist der männliche Geist, der alles durchdringt und reinigt. Es heißt bisweilen: Die Nahrung des Einhorns ist rein geistiger Natur. Nur mit solcher Nahrung kann man rein weiß werden und bleiben.

Die Einhörner sind nun leider seit Peter Beagles Roman »Das letzte Einhorn« ausgestorben, aber sie wurden auch wiedergeboren und veränderten sich, wie das im Fabelreich so üblich ist. »Wo ES war, soll ICH werden«, so drückt Freud seinen geradezu magischen Reinigungsanspruch aus: Der männlich weiße Geist muß über das Dunkel des Unbewußten herrschen. Wie es dazu kam, zu dieser Entwicklung vom harmlosen Märcheneinhorn, das sein Horn so potent lang und spitz in den Schoß der Jungfrau legt, bis zur Psychoanalyse, die ihr langfingriges Licht in die Finsternis der Unterwelt des Geistes richtet, darüber möchte ich jetzt im folgenden schreiben.

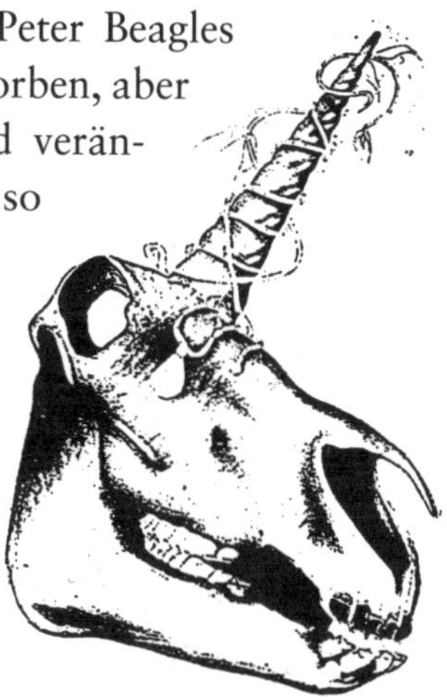

Abb. 3: Das tote Einhorn
(Gerrit Ahnen)

Die christliche Symbolik des Einhorns geht auf die Psalmen zurück, in denen das Einhorn die Macht Gottes wie auch die Lebenskraft des Menschen verdeutlicht (z.B.: Psalm 28, 29 und 92: Das Einhorn wird in der Bibel oft »der Büffel« genannt, was an die indianische Vision des »White Buffalo« erinnert) – allerdings wird in Psalm 21 die Macht des Bösen ebenfalls mit dem Einhorn verglichen. Im großen und ganzen wird das Einhorn als weißes Tier bei den das Weiße liebenden Juden (und Christen) nicht als böse angesehen. Vielmehr fand ich schon als Kind die Menschen böse, die hinterlistig das Einhorn im Schoß der Jungfrau töteten, wie wir es in der mittelalterlichen Buchmalerei häufig finden. Warum das schöne Einhorn gefangen und getötet werden mußte, war mir damals nicht klar, es konnte mir auch keiner erzählen. Noch unverständlicher wird mir das Einhorn, wenn es nach Priscillian (Kirchenvater, Ostkirche) heißt: »Unicornis est Deus ...«[6] Das Einhorn ist Gott ... Das erinnert fast an die Zen-Weisheit: »Triffst du Buddha unterwegs, so töte ihn.« Muß das Einhorn getötet werden, weil es das Göttliche darstellt und sich so als Bild zwischen den Menschen und die göttliche Wirklichkeit schiebt?

In seiner Schau der Mysterien der Kirche traf Honorius von Autun (Honorius Augustudonensis, um 1200) ebenfalls auf das Einhorn, das inzwischen liebste geistige Haustier in kirchlichen Kreisen, und schreibt:

> *»Einhörnig wird das sehr wilde Tier mit einem Horn genannt. Um es zu fangen, wird eine Jungfrau aufs Feld gesetzt, zu welcher das Tier dann kommt, und indem es sich in ihren Schoß legt, wird es so gefangen. Durch dieses Tier wird Christus dargestellt und durch dessen Horn seine unüberwindliche Stärke.«*[7]

Christus als der gehörnte Gott, welch ketzerische Gedanken ... Für das Christentum symbolisiert das Einhorn Christus und den Geist, die Jungfrau stellt die Kirche dar. Der Geist befruchtet die Kirche ...

Unser Einhorn ist ein ganz und gar komplexes Tier: Einmal treffen wir es sanft im Schoß einer Jungfrau, dann heißt es wieder von ihm, daß es als wildes, ungestümes Tier Böses gegen die Menschen sinne. Deswegen muß es, wenn nicht gleich getötet, so doch zumindest gezähmt werden. Allerdings glaube ich, daß mit der Zähmung der Kraft des weißen Einhorns auch Gottes Naturgewalt domestiziert wird, wie aus dem wilden Einhorn in christlicher Allegorik rasch die zahme, weiße Taube wird.
Dieses Schillernde unseres Fabeltieres geht gut mit der Farbe Weiß zusammen, obwohl es für die Kraft Gottes nach christlicher Auffassung nicht so recht passen mag. Fabeltiere leben aus solcher vielschillernden Widersprüchlichkeit und drücken somit den Schatten des klaren Vatergottes aus.
Greifen wir wieder die Frage auf, warum das Einhorn getötet werden muß. Hauptsächlich wegen seines Horns. Wer nämlich aus seinem weißen Horn trinkt, der wird von allen Krankheiten befreit, er kann durch keine Gifte getötet werden, und wenn sich bereits ein Gift in seinem Körper befindet, dann erbricht er es auf der Stelle. Der vorsichtige Kardinal Torquemada soll immer einen Einhornbecher vor sich auf dem Tisch stehen gehabt haben, um sich gegen Gift und Zauber zu schützen.
Die im Mittelalter so begehrten Einhornbecher oder Einhorn-Trinkhörner stellen das vaginale Gegenstück zum phallisch-weißen Horn des Einhorns dar. Das phallische weiße Horn wird meist nicht als tötend gedacht, sondern als befruchtend. Es stellt den Geist-Phallus mit seinem Lichtsamen dar. Sein Gegenstück, der vaginale Becher, reinigt und befreit von allen Krankheiten. Als Gefäß benutzt gibt das Horn des Einhorns etwas von seiner Energie ab. Es hat sozusagen die weiße Geist-Licht-Kraft in sich hineingesogen. Das Wasser im Horn heilt jetzt (Weihwasser).
Der alchemistischen Auffassung entsprechend ist das weiße Horn des Einhorns ein Prinzip, das alle Dinge reinigt und sie so zur Reifung und Vollkommenheit bringt. Das Horn des Ein-

horns, wie auch das Einhorn selbst, ist gleich dem Quecksilber (Mercurius) ein zur Reinigung notwendiger Katalysator. Der weiße Merkur oder das weiße Einhorn vollbringen das alchemistische Werk, das heißt, sie bringen den unvollkommenen und unreifen Menschen zur Vollendung. Genau das will Gottes Kraft mit Hilfe des Heiligen Geistes ebenso. Aber Gott kann zu einer Vorstellung werden, die sich der direkten Erfahrung in den Weg stellt, und deswegen muß das weiße, ach so schöne Einhorn getötet werden. So sieht es zumindest der heutige Geist.

Mit dem flüchtigen Metall Quecksilber – dem Merkur – bezeichneten die Alchemisten den Geist, jenes flüchtige Wesen, das allem innewohnt, das schnell und wandlungsfähig erscheint und das dasjenige reinigt, das es durchdringt. Genauso wird das weiße Einhorn gesehen, das sich so verhängnisvoll von der weißen Unschuld angezogen fühlt. In Zeiten großer Sexualunterdrückung war das Einhorn als Symbol für die Unschuld selbst sehr beliebt. Das weiße Einhorn als Geist-Befruchtungs-Symbol steht der tatsächlichen körperlichen Befruchtung diametral entgegen. Die Sexualität, die hier angesprochen wird, braucht einen keuschen Geist, den Geist der Jungfrau. Jungfrau und Einhorn pflegen den keuschen, nicht auf die Erzeugung von »böser Materie«, sondern auf die Überwindung der Materie gerichteten geistigen Austausch.
Auf einem Gemälde von Moretto (Mitte 16. Jahrhundert) wird das schneeweiße Einhorn der heiligen Jungfrau und Märtyrerin Justina vor die Füße gelegt. Es soll das Jungfräuliche dieser Märtyrerin jedem vor Augen geführt werden, denn nur eine Jungfrau kann ein Einhorn anziehen. Und was von der Jungfrau angezogen wird, so der kühne Analogieschluß, muß selbst jungfräulich sein.
Das weiße Einhorn, beziehungsweise sein Horn, besitzt zwar die Kraft der Reinigung (oder der *Albedo*, wie die Alchemisten diesen Vorgang nannten), doch hängt dieser Reinigungsvorgang

mit der Kraft des Weißen zur Durchdringung zusammen (der Kraft des Geistes). Diese Durchdringung wird in sexueller Metaphorik erlebt, die ganz und gar nicht mit den Keuschheitsvorstellungen der christlichen Religion übereinstimmt. Man spricht in der bildhaften alchemistischen Metaphorik davon, daß die weiße Herrin (das Einhorn) mit dem roten Sklaven (als »roter Sklave« wird zumeist ein Katalysator bezeichnet) kopuliert – und dazu noch über Standesgrenzen hinweg! Mit diesen Standesgrenzen ist jedoch die Hierarchie bezeichnet, die dualistisch den Geist über den Körper stellt. Die alchemistischen Metaphern klingen sexuell, sind aber geistig gemeint. Das Christentum verwirft natürlich solch unzüchtige Metaphorik und läßt, wie Jung nachweist[8], das weiße Einhorn den reinen Geist des christlichen Gottes symbolisieren.

Wie man dagegen in Indien verfährt, zeigt uns eine Geschichte aus dem *Mahabharata*[9]:

Ein Vater mit dem Namen Einhorn besitzt einen Sohn, genannt »Gazellenhorn«. Dieser Sohn lebt als Einsiedler. Da kommt eine furchtbare Trockenheit über das Land, und ein Freudenmädchen (in einer moralischeren Fassung steigt die Hetäre zur Königstochter Sanra auf) verführt ihn, wodurch die Trockenheit gebrochen wird.[10] Der einsame männliche weiße Geist braucht die Verführung durch das Weibliche, sonst stirbt alles. Der reine Geist neigt dem Weißen Tod durch Erstarrung zu, es ist wie ein Erfrieren im Winter: Es soll eine nicht unangenehme tödliche Erfahrung sein, bei der man in seine eigenen Welten tödlich versinkt. Weiß verführt nur allzuoft den Geist, auf Kosten von Körper und Seele zu leben. Diese Krankheit breitet sich heute als einseitig intellektueller Lebensstil epidemisch aus und läßt besonders viele Männer der heutigen Zeit erstarren. Das ist eine der Formen des Weißen Todes in moderner Spielart: Man stirbt an innerlicher Erstarrung und Kälte, das Herz wird starr und eng: Arteriosklerose und besonders Angina pectoris sind häufige Todesursachen gerade bei Männern.

Wie Merkur wird das weiße Einhorn in der alchemistischen Vorstellung als androgyn angesehen. Nur das kann reinigen, durchdringen und wandeln, was sich nach allen Seiten hin offen hält. Was wandeln will, muß sich selbst wandeln können: eine alte Vorstellung der Analogie-Magie. Und da wir wieder beim Geschlecht des weißen Einhorns angelangt sind, möchte ich noch ein Geheimnis aufzeigen: Kein Mensch weiß, wie sich diese weißen Einhörner fortpflanzten. Das weiße Einhorn ist einfach da: eine Geistgeburt. Alle diese Vorstellungen treffen auch bestens auf die Farbe Weiß zu: Weiß ist weiblich als Farbe der Hingabe – die Farbe, die sich nur allzuleicht vermischt –, und es verkörpert auch die blendende Eigenschaft des Lichtes, die als männliche gekennzeichnet werden muß. Weiß entsteht aus dem durchsichtigen Medium (Goethe). Weiß ist männlich wie weiblich, es stammt aus dem Durchsichtigen, dem jede eigene Festlegung fremd ist.
Die Einhornsymbolik ist jedoch nicht allein an Alchemie und Christentum gebunden, auch in den altindischen Veden tritt das weiße Einhorn als der weiße gehörnte Fisch wie der weiße Wal oder der weiße Hai[11] auf. Dieser Fisch gehört Manu, dem Vater der Menschheit, was wohl bedeutet, daß alles Leben aus dem Meer stammt. In Manu wird die Kraft der Heilung angesprochen, denn er wird als der große Heiler bezeichnet.
Im Judentum weiß man sicher, woher das Einhorn stammt: Dem *Talmud* (X, 359) entsprechend war es wegen seiner enormen Größe draußen an die Arche Noah gebunden worden. Wie der einhörnige Fisch ist auch das talmudische Einhorn dem reinigenden Wasser verbunden, dem Durchsichtigen, aus dem alles Weiß entsteht.[12]

Das Christentum mit seinem großen Bedarf an weißen Symbolen übernimmt das alchemistische Bild des Einhorns, da es ihm auch um Reinigung als Läuterung von den dunklen Trieben geht, die durch Vergeistigung überwunden werden sollen. Da

wir nach christlicher Auffassung alle durch die Sünde befleckt sind, müssen wir immer um Reinigung und Läuterung bemüht sein. Auf der Ebene der Farbsymbolik bietet sich hierzu die Farbe Weiß geradezu aufdringlich an. Das weiße Einhorn ist ein Reinigungs- und Heilssymbol in ganz konkretem Sinn: Sein Horn soll alle Wunden heilen, die es berührt, und selbst dem Herz des Einhorns werden wundersame Heilkräfte zugesprochen. So ist es nicht verwunderlich, daß noch heute viele Apotheken das weiße Einhorn als ihr Symbol wählen, denn eigentlich sollte die Apotheke der körperlichen und geistigen Reinigung dienen (daran sei nur kurz im Zeitalter der inneren chemischen Kriegsführung erinnert). Die Reinigung ist immer mit einer Wandlung verbunden, also Therapie.
Der alchemistischen Auffassung folgend wird die Farbe Rot dem aktiven Männlichen zugeordnet. Mittelalterliche alchemistische Handschriften sprechen von der roten Tinctura, dem roten Sklaven und der roten Rose. Dem entgegen steht das passiv-weibliche reine Weiß, das als Einhorn, weiße Tinctura, weiße Frau und in der christlich beeinflußten Metaphorik der Alchemie als weiße Lilie, weiße Rose und weiße Gattin bezeichnet wird. In der Vereinigung der Gegensätze verbinden sich Weiß und Rot[13], um den dunklen Zustand des Adepten zu erleuchten.

Der rote Karfunkel unter dem Horn des weißen Fabeltieres regte schon Wolfram von Eschenbachs Phantasie an, so daß er ihn im »Parzival« als heilenden Stein erwähnte.[14] Im Bild des Einhorns mit dem roten Stein im Hirn ist nicht nur die Reinigung selbst angesprochen, sondern auch zugleich ihr Ziel, nämlich die farblich symbolisierten Gegensätze zu verbinden und so zum entwickelten androgynen Wesen zu führen. Dies entspricht der Vorstellung des Individuationsprozesses (Jung), nach der die männliche wie auch die weibliche Seite in die Gesamtpersönlichkeit integriert werden müssen. Der weiße Geist braucht den feurigen roten Stein, um sich zu vollenden und zu reinigen. Das

Dunkel der Triebe, in denen Männliches und Weibliches unkontrolliert als Projektionen, also als wesensfremd im Außen erlebt werden, soll in das Helle, das Weiße verwandelt werden, indem Weiß und Rot – wie so oft im deutschen Märchen – sich harmonisch ergänzen.[15] Weiß (Merkur, Geist) bleibt ohne Rot (Mars, Körper) kraft- und wirkungslos. Der rote Stein sitzt innen im Gehirn (im »Hirnbein«), er ist der gezähmte rote Sklave.

Diese Verwandlung vom Dunklen ins Helle, vom Chaos der *Nigredo* in die Reinigung der *Albedo* wird auch häufig durch das Drachenkampf-Motiv verdeutlicht. Der heilige Georg kämpft noch heute in vielen englischen Pubs und fast allen englischen Kirchen mit dem Drachen, in deutschen Landen übernimmt diese Aufgabe der nicht so gesellige heilige Michael. Drachen und Einhorn sind als Fabelwesen eng miteinander verwandt, wenn auch der Drache mehr die aggressive Seite, das Einhorn mehr die hingebungsvolle Rolle spielt.
Es ist nicht zu verleugnen: Die Farbe Weiß wird im Kampf gegen den Trieb hyperaktiv. Da wird die wilde Natur im Drachen (und Einhorn) erschlagen, da wird die Unschuld eifersüchtig bewacht. Unter der weißen Fahne sagt man der verunreinigenden körperlichen Lust den Kampf an. Hier übernimmt der reine Geist sein eisiges Regime gegenüber Körper und Gefühlen. Und dennoch kann wohl keiner die Augen vor dem phallischen Horn verschließen, das so banal und eindeutig auf die männliche Kraft verweist, die aus dem Geiste stammt. Das ist der männliche Geist, der auf das Weibliche befruchtend wirkt. Es muß nicht immer unbedingt eine Frau als Muse auftreten, auch der Mann kann ein Inspirator sein. Wir treffen hier auf die Vorstellung des weißen Phallus, der wir unter dem Aspekt des männlichen Zaubers noch im nächsten Kapitel nachforschen werden.[16]
Im Einhorn wie in der Farbe Weiß schlägt sich das Paradox der Seelenerfahrung nieder: die Seele als göttlich und dämonisch

zugleich, als weiß und rot, als unfaßbar. So ist auch Weiß schwer zu packen: Es ist das Licht des Geistes, das blenden und verblenden kann, wie man an manch weißgewandetem Guru heute sieht. Es ist der verklärte Christus, wie er im rein weißen Gewand im Domkreuzgang zu Eichstätt als Tafelbild die Grabstätte des Magisters Johann Göcklein ziert. Dieses berühmte Gemälde »Die Verklärung Christi« weist unten rechts im Wappen das schneeweiße Einhorn auf.[17] Weiß ist aber genauso die Farbe der Leichentücher und des Todes, teilweise sogar des Kummers.

Die alchemistische Albedo beginnt mit dem Blick auf das dunkle Chaos, ohne den die Gegensätze, die in der Seele wohnen, nicht in das Bewußtsein gebracht werden können. Sigmund Freud ist fasziniert bei der Betrachtung dieses dunklen Seelenanteils stehengeblieben, und er hoffte, mit der Vernunft seiner Kur dieses dunkle Chaos ordnen zu können. Er übersah, daß die Gefährlichkeit dieses dunklen Seelenanteils nicht einzig in kindlichen Reaktionsweisen besteht. Das Dunkle und Böse ist eine Ur-Macht, die nicht einfach weiß übertüncht werden kann. Allerdings kann aus dem Schwarzen das Weiße entstehen, wie nach den Visionen des Zosimos (griechischer Alchemist, von den Gnostikern beeinflußt) aus den schwarzen Raben die weißen Tauben hervorgehen können. Dazu bedarf es aber einer verwandelnden Kraft, die in dem weißen Herrscher und dem schneeweißen Einhorn gestaltet ist. Das Chaos des Unbewußten ist zwar schwarz, jedoch nur außen, innen ist es nämlich blütenweiß; in diesen weißen Bereich des Innersten kann uns das Einhorn führen, wenn wir uns auf dieses Fabeltier einlassen.

In Weiß erscheint bei Zosimos auch das Dämonische. In seinen Visionen, denen Jung fast den gesamten 13. Band seiner Gesamtausgabe widmet, tritt der weiße Priester auf, der furchterregende Messen zelebriert. Das ist der Priester der nicht zu betretenden Heiligtümer.[18] Er will Körper in Blut verwandeln und die Toten auferstehen lassen, womit wir wieder bei dem

Farbenpaar Rot und Weiß und bei dem roten Stein unter dem weißen Horn des Einhorns wären.
Diese nicht zu betretenden Heiligtümer sind der Ort der menschlichen Seele, die durch die Reinigung wieder zum Lebensmotor werden soll. Diesen Reinigungsprozeß bringt Merkur in Gestalt des weißen Einhorns zustande, er führt als der *Psychopompos* (Seelenführer) in die eigene Seele, die so gereinigt werden kann. Nur das Fabeltier kann die nicht zu betretenden Heiligtümer betreten.[19] Wir haben so etwas wie ein Totem und Krafttier vor uns, eben einen geistigen Führer.
Weiß deutet hier also einen Initiationsprozeß an, der zum kosmischen Menschen oder Lichtwesen[20] hinführen soll. In der Sprache des kabbalistischen Sohar ist es der »glänzend Weiße«, der mit dem Licht zugleich geschaffen wurde. Er grüßte uns als himmlischer Mensch – Adam Kadmon –, eine der Lieblingsfiguren des Gnostizismus, den wir auch im Buch Daniel, Esra und Henoch finden.
Das Einhorn soll uns an die Domestizierung unserer Triebe gemahnen und uns beständig daran erinnern, daß wir diese unhygienische Schwärze (diese Triebbefangenheit) abwaschen sollen. Wir sollen nicht nur unsere Hände in Unschuld waschen. Wir sollen unschuldig wie die Kinder werden.
Das weiße Einhorn stellt eine Wandlungskraft dar, die uns wandelt in der Überwindung alles Unreinen und Dunklen. Im Eifer besonders des christlichen Kampfes muß gleich alles Körperliche als Unreines überwunden werden, während das Geistige einseitig zum Guten wird. Das führt zu einer Vereinseitigung unter dem Primat des Geistes, die bis heute unsere Kultur prägt. Wir wollen uns alle gerne reinigen und rein weiß sein, unschuldig ... dies ist die Sehnsucht nach dem einfachen Leben ohne Verführungen. Wir leben jedoch als komplexe Wesen in einer komplexen Welt, die uns häufig nicht ohne Grund angst macht, uns verunsichert und in der wir auch, ob wir es wollen oder nicht, schuldig werden. Wer kann schon rein und weiß durchs

Leben gehen? Da uns das nicht gegeben ist, versuchen wir in der Farbe Weiß unsere Zuflucht zu nehmen. Zugleich verführt jedoch die Werbung uns zu Exzessen, die einzig als Reinheitsfimmel zu betrachten sind. Wer das weißeste Bettlaken besitzt, der braucht kein schlechtes Gewissen mehr um seine Reinheit zu haben. Wer eine strahlend weiße Weste trägt, der fühlt sich unschuldig, wenn er auch sehr gut um seine Schuld weiß. Im Einhorn war noch der Wandlungs- und Reinigungscharakter des Weißen komplex ausgedrückt, das weiße Einhorn war eben ein Wesen aus zaubrischen Welten. Im modernen Waschmittel mit all den synthetischen Weißmachern ist die Sehnsucht nach der Unschuld kein Anreiz des inneren Kampfes mehr, hier wird die Befreiung von Schuld, Triebhaftigkeit und all den kleinen alltäglichen Quälgeistern des Hausfrauengewissens nach außen verlagert. Man hofft auf die »Instant-Befreiung« ohne Anstrengung und Mühe – immerhin hat man zum Waschen eine Maschine. Man weiß auch darum, daß es solch eine Befreiung nicht geben kann, was einen jedoch nicht hindert, dennoch auf diese moderne Illusion der »Instant-Erleuchtung« zu hoffen. Zur Sicherheit putzt erst mal der Weiße Riese alles ohne Rücksicht auf Verluste sauber, und das neueste Persil und das Omo, oder wie die modernen Weißwascher alle heißen, tun ihr übriges. Wenn alles erst mal so richtig blütenweiß, rein und von der Natur entfernt ist, dann schweigt das schlechte Gewissen, so hofft man inständigst. Aber dieses Weiß ist unnatürlich, genau wie das weiße Einhorn kein reales Wesen der Natur darstellt. Man entfernt sich mit dem reinen Weiß von der Natur und der Natürlichkeit. Das beginnt schon beim schneeweißen Einhorn, das man sich als höheres Tier als Verbesserung der Natur dachte.[21] Das Einhorn steht so in jeder Hinsicht für den menschlichen Kampf gegen die Natur und gegen seine Natur. Dieser Kampf ist immer einer gegen den eigenen Körper und denjenigen anderer gerichtet. Daß das Weiße und Reine das Hygienische darstellt, stammt erst aus der protestantischen Ethik;

dem Mittelalter war der Zusammenhang zwischen Reinheit, Hygiene und Epidemien noch unbekannt – hier allerdings mit dem Nachteil, daß viele Infektionen durch mangelnde Hygiene ihren Nährboden fanden.[22] Der heutige Hygiene-Fimmel kehrt den Zweck schon beinahe wieder ins Gegenteil. Wir sollten nicht vergessen, daß die Hygiene viele Infektionskrankheiten überwunden hat. Dafür gibt es heute allerdings die inneren Krankheiten wie Krebs, die zum Teil auf die Verschmutzung durch die »saubere« Industriegesellschaft zurückzuführen sind.

4. Das Merkurische und die Vögel

Wie das weiße Einhorn gelten auch Merkur und einige weißgefiederte Vögel als die Boten des göttlichen Geistes.
Beginnen wir mit der so bekannten weißen Taube: Bei den Griechen und Syrern war die weiße Taube der heilige Vogel Aphrodites und ein Symbol sublimierter Sexualität. Sie folgten einer alten Tradition, nach der im Weiß die Sexualität immer zur reinen Liebe sublimiert wird – nur im Schwarz können die Triebe gelebt und befreit werden. In der christlichen Symbolik, die Ausdruck einer Ideologie der Sublimation ist, wird diese Taube zum Symbol des Heiligen Geistes.[1] Hier sind alle Anklänge an die Liebe zwischen Mann und Frau eliminiert worden, und es herrscht eifersüchtig der Geist eines autoritären Vatergottes. Solche Götter lassen nie die Liebe zu, es sei denn, man liebt sie. Die weiße Taube mit dem grünen Ölzweig im Schnabel, heute zum Friedenssymbol geronnen und zum Autoaufkleber verkommen, unter der sich die Kriegsgegner zusammenfinden, tritt zunächst als Verkünder des Endes der Sintflut auf (1. Mose 8, 10–12). Auch bei der Taufe Jesu im Jordan schwebt sie nach dem Evangelium des Matthäus (3,16) über Jesu Haupt. Szenen dieser Art gehören zu den am häufigsten dargestellten in der christlichen Kunst. Von Nikolaus von Verdun (Emaillealtar von

1181) bis Tizian (Maria della Salute, Venedig 1560) nahmen sich Malerei, Mosaik und Fresken dieses Themas an.[2] Am einflußreichsten war das Mosaik des Triumphbogens von Santa Maria Maggiore zu Rom, auf dem im Augenblick der Verkündigung an Maria der Heilige Geist sich in Gestalt einer weißen Taube herabsenkt. Diese Darstellung leitete eine unübersehbare Menge ähnlicher Bilder ein. Die weiße Taube schwebte fortan über den Charakterköpfen von so unterschiedlichen Heiligen wie den Evangelisten (als Zeichen der Inspiration), Dunstan, Hilarius von Arles, Theresia von Avila, Basilius dem Großen, Kunibert von Köln, Kyrill von Alexandria, Gregor dem Großen, der hl. Aldegunda und den Heiligen Irlands und vielen mehr bis hin zu Thomas von Aquin. Sie alle bilden das weiße Heer, ein Ausdruck der unschuldigen und reinen Kraft der göttlichen Inspiration. Weiße Tauben verlassen der christlichen Ikonographie zufolge die Körper von Märtyrern bei deren Tod[3] und werden so dem weißen Seelenvogel, den schon die alten Ägypter als *Ka* bezeichneten, ähnlich.
Nach Origines (früher Kirchenvater) kann man einen erleuchteten Menschen daran erkennen, daß seine Augen denen der weißen Taube vergleichbar leuchten. Diese Ansicht wiederum geht auf Gregor von Nyssa zurück, der der Taube Teilhabe an der göttlichen Natur zuspricht und sich dabei auf das Hohelied Salomos (4,1) bezieht, wo die Augen der weißen unschuldigen Braut als Taubenaugen bezeichnet werden, deren geistlicher Blick fortwährend auf Gott gerichtet ist.
Als Symbol des Heiligen Geistes zeigt sich die weiße Taube über der unschuldigen Seele. Die Unschuld stellt geradezu eine Voraussetzung für das Erscheinen der weißen Taube dar, denn diese zeigt eine Geisterfülltheit an, die nur einer unschuldigen Seele zu eigen ist. Was so schwer in Worte zu fassen ist, das drückt dieses so beliebte Motiv der weißen Taube bildlich aus.
Außer im christlichen Bereich finden wir die weiße Taube häufig in deutschen Märchensammlungen (Gebr. Grimm und Lud-

wig Bechstein). Die weiße Taube der Volksmärchen scheint aber eher dem Liebesvogel der griechischen Tradition verwandt – wobei gerade die Liebe die menschliche Seele reinigt.
Neben der weißen Taube, die dem Pfingstfest zugeordnet ist (weswegen die Engländer Pfingsten *Whitsun* – weiße Sonne – nennen), treten uns noch der weiße Adler, der weiße Schwan und der weiße Rabe in der Literatur entgegen.
Der weiße Adler repräsentiert den Sonnen- bzw. Lichtgott. In On-Heliopolis, dem Hauptsonnentempel Ägyptens, wurde nach Ranke-Graves[4] ein Adler mit weißgefärbten Flügeln lebendig verbrannt. Damit wurde der alte, weiße Adler getötet. Die Vergangenheit sollte gereinigt werden, auf daß ein neuer weißer Adler aus der Asche des toten entstehe, der wiederum ein neues Zeitalter beherrscht, bis auch er verbrannt wurde.
Das Bild des weißen Adlers oder Phönix symbolisiert den Unter- und Aufgang der Sonne, und es ist nur logisch, daß die frühen Christen weiterhin an diesem weißen Phönix festhielten, den sie dann im Laufe der Zeit zum wiederauferstandenen Christus werden ließen.
In diesem Symbol des weißen Adlers, des Phönix, ist der Reinigungscharakter der Farbe Weiß besonders deutlich ausgestaltet: Zunächst muß das Alte verbrannt und wie im Fegefeuer gereinigt werden, auf daß es in reinster Form wieder neu entstehen kann. Das ist die gleiche Vorstellung, auf die wir schon beim weißen Einhorn trafen: Das Böse, Kranke und Schlechte muß verbrannt werden, auf daß das menschliche Wesen immer reiner, vergeistigter und gesünder werde.
Der weiße Adler – Jupiters heiliger Vogel – ist der reine, aber doch mächtige Bote Gottes. Im Grunde stellt er das Gegenstück zu der recht harmlosen weißen Taube dar. Aber wenn er auch mächtig, stark und fast ausgestorben ist, so ist er doch rein. Es ist der reine Geist, der aus dem Geistbereich spricht, und da er ein Geistwesen ist, hat er den Vorteil, körperlos zu sein. So kann er sich nicht durch seinen Körper beflecken.

Im modernen amerikanischen Mediumismus, dem sogenannten Channeling[5] , ist dieser weiße Adler als das Geistwesen *White Eagle* wiederauferstanden, das von Grace Cooke über 60 Jahre lang kontaktiert wurde.[6]
White Eagle ist ein genuin theosophisch-christliches Geistwesen, das besonderen Wert auf die Heilung als einen geistigen Reinigungsprozeß legt.[7]

Als weiterer symbolbelasteter weißer Vogel sei hier der weiße Schwan genannt, der uns häufig im Märchen (z.B. »Die sieben Schwäne«) begegnet und der durch Lohengrin, den Heldensohn des Gralskönigs, so bekannt wurde, daß sich Richard Wagner seiner annahm. Der weiße Schwan, wie ihn auch Leonard Cohen wehmütig besingt, stellt das Urbild ländlicher Romantik dar. Mein Gefühl wird mild, wenn ich Bilder von einem sich verbreiternden Fluß aufsteigen lasse, einer alten, aus Feldsteinen gemauerten Brücke und dann unten im Wasser zwei weiße Schwäne imaginiere, die sich unendlich langsam bewegen. Ein typisches Postkartenmotiv, für mich die Gemütlichkeit vom ländlichen »Merry Old England« symbolisierend – eine Ruhe, die es wirklich so gibt.
Während in Ludwig Bechsteins Märchensammlung in »Die sieben Schwäne« die Königssöhne durch die Verwandlung in weiße Schwäne gerettet werden (übrigens auch durch Milch einer einhornartigen weißen Hindin, die sie nährt), ist in Grimms Märchen »Die sechs Schwäne« gerade das Weiß eine böse Zauberfarbe. Die Tochter der Hexe, die den König heiratet, näht der Hexenkunst ihrer Mutter folgend kleine weißseidene Hemdchen, in die sie einen Zauber hineinwebt. Als die Königskinder diese Hemdchen überziehen, werden sie in weiße Schwäne verwandelt.[8]
In beiden Märchen werden die Königskinder in weiße Schwäne verzaubert, einmal zu ihrer Errettung – einmal zu ihrem Schaden. In beiden Fällen soll jedoch die Verwandlung in einen

weißen Schwan die Unschuld und Natürlichkeit der Königskinder andeuten. Der Initiationsweg eines Königssohns beginnt mit dem unschuldigen Sich-Einfügen in die Natur – im Grunde stellt dies den Anfang und das Ende des Initiations- oder Individuationsweges dar.

Wenn man nun nicht zu einem weißen Schwan verwandelt wird oder zumindest wie Lohengrin auf ihm reitet, dann kann man noch, ehe man sich's versieht, in die schneeweiße Ente verzaubert werden, wie es im Märchen »Die weiße und die schwarze Braut«[9] geschieht. In diesem Märchen hat mich schon als Kind der brachiale Erlösungsvorgang gewundert: Die in die schneeweiße Ente verzauberte Königstochter wird erlöst, indem der König ihr den Kopf abschlägt. Man darf sich nicht – so die Moral des Märchens – seiner Reinheit und Unschuld bewußt sein, denn das würde zur Eitelkeit führen. Im Bild dieses Märchens schwingt die Idee mit, daß das Weiß derart vergeistigt ist, daß ihm erst der Kopf abgetrennt werden muß, um es auf das menschliche Maß zurückzuschneiden.

Die Verwandlung in den weißen Vogel scheint uns die weiße unschuldige Seele des Verwandelten zeigen zu wollen. Die altägyptische Vorstellung vom *Ka*, der weißen Seele, hat im Märchen überlebt. Es gibt so viele Verwandlungen in weiße Vögel im Märchen, da die unschuldig reine Seele wie ein weißer Vogel gedacht wird: Sie kann auf der Erde wandeln und sich zu Gott in den Himmel aufschwingen. So finden wir die zwitschernden Seelen schon bei Homer erwähnt. Die Weisheiten der großen Mythen leben in veränderter Form im Märchen fort.

Zum anderen ist der weiße Vogel Sehnsucht und Vorbild zugleich: So rein und weiß soll immer deine Seele sein, dann kann sie sich leicht und mühelos zu Gott aufschwingen.

Die weißen Vögel sind wie Merkur Boten Gottes: Sie kommen vom Himmel, können aber auch für kurze Zeit auf der Erde wandeln. So gleicht ihnen der Götterbote Merkur (Hermes) mit seiner Flügelkappe und den Flügelstiefeln. Weiße Vögel besitzen

– alchemistisch-astrologisch gesprochen – einen merkurischen Charakter: Sie wandeln den Sinn des Menschen durch ihr Vorbild an Reinheit und Unschuld. Aber der menschliche Geist, den der weiße oder schwarz-weiße Merkur symbolisiert, kann sich auch böse und zaubrisch zeigen. Dann reinigt Weiß nicht, sondern es verzaubert in seiner Eigenschaft als Hexenfarbe. Dies ist mit einem Blick auf die Scheinheiligkeit gesagt, die eine besondere Vorliebe für Weiß besitzt, denn man muß immer das nach außen zeigen, woran einem innerlich mangelt.

Zum Abschluß meines Ausfluges in die Vogelwelt möchte ich den Raben betrachten. Ursprünglich ist der schwarze Rabe der Begleiter Wotans, ein Geistwesen, das auf den freien Flug der Gedanken verweist und durch seine schwarze Farbe eine Bindung zur Erde besitzt.
Vögel werden oft als Symbole für Geistwesen gebraucht. So heißt der erste Grad des siebenstufigen persischen Einweihungsweges »der Rabe«. Hier möchte ich allerdings einen besonderen Raben betrachten, und zwar den weißen, der im Grunde schon ein Paradox in sich darstellt, besonders wenn wir bedenken, daß die schwarze Farbe dem Raben derart typisch ist, daß wir von »rabenschwarz« (bzw. »kohlrabenschwarz«) sprechen.
Bleiben wir noch einen Moment bei der Spannung zwischen Schwarz und Weiß, wie sie im weißen Raben angesprochen ist. Schwarz und Weiß deuten sich mir als eine Einheit, zwischen diesen beiden Polen findet für mich das Leben in all seinen Farben und Tönen statt. Das Weiße gibt dem Schwarzen die Form wie auch umgekehrt.
In allen volkskundlichen Belegen gilt der weiße Rabe als hilfreich. Er verkörpert zumeist einen Schutzzauber.[10] Zur Zeit der Pest nahm die geplagte mitteleuropäische Bevölkerung an, daß der weiße Rabe ihnen ein Mittel gegen die Pest und den Schwarzen Tod zeigen könne. Der weiße Rabe – jener Albino, der wohl nur in den Märchen und Mythen lebt – hat das Schwarze seines

Wesens überwunden und ist unschuldig, rein und weiß geworden. So liegt es nahe, daß dieser Vogel um das Geheimnis der Verwandlung des Schwarzen in das Weiße weiß und das reinigende Mittel gegen den Schwarzen Tod kennt.
In Frankreich und besonders bei den Finnen ist aus dieser Wandlungsfähigkeit des Raben (aus Schwarz mach Weiß) ein allgemeines Symbol des Glücks geworden: Wer eine weiße Feder des Raben findet, der wird Glück haben, wie schon das Sehen eines weißen Raben Glück bringt. Da nun heute die Raben leider fast ausgestorben sind, sieht es schlecht mit dem Glück aus, aber dafür verschwand immerhin die Pest.

Zusammenfassend möchte ich festhalten, daß das weiße Einhorn und die weißen Vögel von der Taube bis hin zum Adler für den Zusammenhang zwischen der Vergeistigung und der Reinigung stehen. Das sahen wir schon an Ariel, dem Luftgeist, der zum Putzmittel degradiert wurde und so den Zeitgeist deutlich ausdrückt. Immer ist bei dieser Symbolik ein genuin geistiger Prozeß gemeint. Bei den modernen Reinigungsritualen wird dieser Prozeß auf das Außen und das andere projiziert. Ich reinige mich nicht mehr selbst, sondern ich umgebe mich mit gereinigter Materie, auf daß ich in einer erhofften magischen Übertragung selbst rein werde. In dieser Hinsicht denkt man heutzutage noch erstaunlich magisch – nur in einer Welt, in der solche Magie sich seit langem überholt hat. An eine Verklärung durch materielle Reinheit glaubt die Mehrzahl der Bevölkerung in der westlichen Welt. Diese Idee muß eine Magie besitzen, denn selbst die Sprachmagie der Werbung braucht einen mythologischen Unterbau, um durchschlagend wirken zu können.

Anmerkungen

Kapitel 1.1:

1. Als ANIMUS bei Mann und Frau.
2. Vgl. dazu ausführlich: VOLLMAR, Klausbernd: Das Geheimnis der Farbe Schwarz, [Fischer Media] Bern 1999.
3. EFKA-Zigarettenblättchen machen auf jeder ihrer Packungen mit dem »schneeweißen Brand« Reklame, dessen inhalierter Rauch erwiesenermaßen das Leben verkürzt.
4. Die Intellektuellen werden, besonders in den USA, zeitungs- und umgangssprachlich »EGG HEADS« genannt. Auch in dieser Metapher wird die Verbindung zwischen den Intellektuellen in hohen Ämtern und Weiß gesehen. Man könnte sagen, daß die Eggheads die ›Weißdenker‹ in Amt und Würden sind. Vgl. hierzu auch den Ausdruck: weißer Terror.
5. Frau Dr. Inge Kemp-Genelke bekam Anfang 1989 den Right-Livelihood-Ehrenpreis (alternativer Nobelpreis) verliehen, da sie die Beteiligung von Ärzten an der Folter aufdeckte. Sie ist Begründerin und Chefärztin des Forschungszentrums für Folteropfer in Kopenhagen.
6. Vgl. die Bibel, Ezechiel 43, 15/16 und Jesaja 29, 1/2/7.

Kapitel 1.2:

1. Zu diesem Kapitel sei zur ergänzenden Information das Buch von Henriette CALOY, Die Braut, [Kreuz] Stuttgart 1989, empfohlen.
2. Vom gleichen Modeschöpfer und Lehrer an der Modeschule in München stammt auch das avantgardistische weiße Hochzeitskleid »Zarenbraut« (Brautkleid »Zarenbraut«, München 1986), das im Münchner Stadtmuseum zu bewundern ist.
3. Unter Napoleon war es Mode, weiße fließende Kleider nach römisch-antikem Vorbild zu tragen. Aus diesem klassischen weißen Kleid entwickelte sich um 1800 das moderne weiße Brautkleid, das sich aber erst im Laufe des 19. Jahrhunderts durchsetzen konnte.
4. Nicht nur das Christentum verbindet Weiß mit der Unschuld und der Reinheit. Bei der Freimaurerei stellt Weiß die Symbolfarbe für den ersten Grad dar, indem sie Unschuld und Reinheit symbolisiert. Wer dann noch bis zum 33. Grad (10. Grad der Meisterloge) gelangt, der trifft abermals auf Weiß, das jetzt jedoch die Vollkommenheit symbolisiert.
5. Thomas von Aquin, Summa theologica, I, quaest. 48, 2.
6. JUNG, C.G.: GW9, II, 242 und 9, I, S. 358.
7. »The Unicorn caught by a virgin« aus dem BESTIARIUM ASHMOLE 1511, fol. 14V, hergestellt in den Nord-Midlands/England, frühes 13. Jahrhundert. Als Kunstpostkarte wird ein Ausschnitt aus diesem Bild von der Akademischen Druck- und Verlagsanstalt, Graz/Österreich, verlegt.
8. GOVINDA, Lama Anagarika: Der Weg der weißen Wolken, Bern/München/Wien 1973, und RAJNEESH, Bhagwan Shree: Mein Weg: Der Weg der weißen Wolke, München 1988.

9. Vgl. das weiße Festkleid des italienischen Modeschöpfers Renato Ballestra (weißes Abendkleid, Rom 1985) oder das Bild des auch sehr an Mode interessierten Jugendstilmalers Gustav Klimt von Margarete Stoneborough-Wittgenstein im weißen Festkleid.
10. Schwarze und weiße Steine werden geworfen, und weiße Steine bringen Glück, schwarze Unglück.
11. Geht ursprünglich darauf zurück, daß sich nur reiche Leute Weißbrot leisten konnten.
12. BIEDERMANN, Hans: Knaurs Lexikon der Symbole, München 1989, S. 480.
13. Interessant ist in diesem Zusammenhang der Roman »Der weiße Tiger« (NATHAN, Robert Stuart: Der weiße Tiger, Krüger/Fischer 1987). Dieser im heutigen China spielende Roman schildert im ersten Kapitel den Tod eines Helden der Revolution und den Untergang der alten Revolutionsideale. In diesem Zusammenhang wird auf den ersten 14 Seiten gleich elfmal die Farbe Weiß erwähnt (Rot dagegen nur viermal, Schwarz zweimal).

Kapitel 1.3:

1. Zitat aus: KTESIAS, Relicta fragmenta ex Ctesiae Indicis, 363. Hier am Horn treten interessanterweise die drei Frauenfarben auf: WEISS, ROT, SCHWARZ als die Jungfrau, die Gebärende und die weise alte Frau.
2. Das englische Wappen stellt das weiße Einhorn dem Löwen gegenüber.
3. Die alte alchemistische Symbolik hat hier noch überlebt, die die beiden Tiere als Symbole Merkurs und später als Allegorie Christi sieht.
4. Vgl. dazu C.G. JUNG, GW 12, S. 496f.
5. Die Alchemie benutzt synonym die Metapher vom weißen Einhorn und vom grünen Löwen.
6. Vgl. dazu C.G. JUNG, GW 12, S. 499.
7. HONORIUS von Autun: Speculum de Mysteriis ecclesiae, P.L. CLXXII, Col. 847ff.; vgl. ferner: WOLFRAM von Eschenbach: Parzival IX, Vers 1494–1501.
8. C.G. JUNG, GW 12, S. 492ff.
9. MAHABHARATA III, 110–113.
10. Diese Geschichte ist auch in der Sammlung RAMAJANA und in den buddhistischen JATAKAS als Jataka 526 überliefert. Das zeigt, wie wichtig dem Osten diese Lehre war.
11. »Der weiße Hai«, die Vagina dentata verkörpernd, ist ein Katastrophenfilm, mit dem Steven Spielberg berühmt geworden ist. (Nebenbei sollte erwähnt werden, daß Spielberg ursprünglich Melvilles »Der weiße Wal« verfilmen wollte.)
12. Die Verbindung von Einhorn und Wasser ist durch die Erscheinungsform des Quecksilbers (Merkur) gegeben: Wegen seines flüssigen Zustandes und seiner leichten Verdampfbarkeit wird Hg auch oft von Alchemisten als Wasser bezeichnet. So ist auch das Einhorn als Symbol des Merkurs dem Wasser eng verbunden (in der Alchemie spricht man von der »humidum album«, der weißen Feuchte).

Ursprünglich soll die Sage vom weißen Einhorn indischen Ursprungs sein und dann über Mesopotamien, Palästina und Ägypten auf uns gekommen sein. Selbst im Buddhismus tritt das Einhorn als Symbol der Einsamkeit und der Geduld auf. In der zoroastrischen Lehre gilt das Einhorn als der Repräsentant der »reinen Tierwelt«, die gegen das Böse kämpft. In diesem Kampf gegen AHRIMAN wird das Tierische überwunden, und das Einhorn wird rein, deswegen seine weiße Farbe!

13. Weiß und Rot stellen nicht nur die Farben der CONJUNCTIO in der Alchemie dar, sondern sind auch noch heute die Symbolfarben der Hochzeit.
14. WOLFRAM von Eschenbach, Parzival, IX, Vers 1494–1501.
15. Vgl. z. B.: »Schneeweißchen und Rosenrot«, »Schneewittchen«, das sogleich mit der Farbtrias Schwarz-Weiß-Rot beginnt. In »Die zwölf Brüder« wird Weiß dem Männlichen, Rot dem Weiblichen zugeordnet, eine Zuordnung, die orientalisch beeinflußt ist. Im Okzident entspricht Rot ursprünglich der Sonne, Weiß dem Mond.
16. Nach PLINIUS d. J. besitzt das Einhorn ein schwarzes Horn. Hier ist die chthonische Kraft des schwarzen Phallus angesprochen. Da das Geschlecht des Weiblichen sich im Dunkel verhüllt, muß auch das Eindringende gemäß der Analogiemagie dunkel sein.
17. Vermutlich stammt dieses Renaissance-Bild von Ulrich Apt dem Älteren (tätig von 1510–1525) oder zumindest aus seiner Werkstatt.
18. Vgl. C.G. JUNG, GW13, S. 72. Genauso stellen sich die Alchemisten auch Saturn als »sol niger« vor: außen schwarz, innen weiß. Beim Blei herrschen die gleichen Vorstellungen vor.
19. In der kryptischen Sprache der Alchemie führt das weiße Einhorn den Menschen zum Bewußtsein der Widersprüchlichkeit seines Wesens zwischen Gut und Böse, Hell und Dunkel, um dann – sozusagen im therapeutischen Prozeß – die brennenden Begierden erkalten zu lassen. Das Einhorn transmutiert dann in den weißen Schnee, in die kühle Geistigkeit, die den Brand der Begierden längst überwunden hat. Es heißt häufig, daß im Zustand der Reinigung die brennenden Begierden verbrannt werden und der Mensch so durch das Feuer (vergleichbar dem christlichen Fegefeuer) gereinigt wird. Der Adept hat so die weißen Brüste der mütterlichen Sophia (griech. Göttin der Weisheit) gefunden, und er trinkt aus ihnen die weiße Milch der Weisheit.
20. Das Einhorn wird schon seit frühesten Zeiten im kosmischen Zusammenhang gesehen. So kniet z. B. auf assyrischen Fresken das Einhorn vor der Sonne, um ihr zu huldigen.
21. In der Natur finden wir – außer aus Tarngründen – in den Schneewüsten keine rein weißen Tiere, selbst Albinos sind selten rein weiß. Eine Ausnahme bilden die weißen Federn der Vögel.
22. Allerdings hatten die Moslems schon weit früher diesen Zusammenhang erkannt.

Kapitel 1.4:

1. Man muß bedenken, daß im Hebräischen der Heilige Geist weiblichen Geschlechts ist, der männliche Heilige Geist stellt erst ein Produkt der lateinischen Grammatik dar. Die deutsche Sprache lehnt sich dann an die lateinische Grammatik an. Die Griechen identifizieren den Heiligen Geist mit ihrer Göttin Sophia, der Göttin der Weisheit.
2. Einige Belege: Mosaiken des Klosters Daphni bei Athen und die von San Marco in Venedig (beide 12. Jahrhundert), die Fenster der Kathedrale von Le Mans (1145), im Museum Münster das Antependium aus Soest (13. Jahrhundert) und der Heilige-Geist-Altar von Manresa/Spanien (1394).
3. Z. B. beim hl. Polykarp.
4. RANKE-GRAVES, R., a.a.O., S. 412.
5. Vgl. genauer: VOLLMAR, Klausbernd/HAEUSLER, Martin: Der letzte Schrei aus dem Jenseits, Berlin 1988.
6. Vgl. hierzu: OHR, Walter: Wer ist White Eagle, [Aquamarin] Grafing 1987.
7. White Eagle: Das große White Eagle Heilungsbuch, Grafing [4]1988 und ders.: White Eagle Heilungspraxis, Grafing [2]1989.
8. Grimms Märchen, a.a.O., S. 224ff.
9. Ebd., S. 576.
10. Die Iren bezeichnen mit dem Ausdruck »Weisheit des Raben« den höchsten Grad des Wissens. Kenneth WHITE (in: Das weiße Land, München 1984, S. 36) zieht von dort eine Parallele zum »Vogelweg«, wie ihn der Zen-Buddhismus kennt. »Auf dem Vogelweg wandeln« bedeutet wie »die Weisheit des Raben«, daß man auf egohafte Bindungen verzichtet und versucht, seine ursprüngliche Natur wiederzuerlangen.

Kapitel 2

Die Zauberfarbe Weiß

»Wer sich der weißglühenden Wirklichkeit der Mutterbrust der Erde nicht bewußt wird, kann sie weder erreichen noch besitzen. Diese Unfähigkeit, die Erde anzuerkennen, diese Geringschätzung des Sterns, auf dem wir leben, die Unkenntnis des Wesens seiner Reichtümer, das heißt der Weißglut, die dieser Stern in sich birgt, all dies hat die Existenz des Menschen auf Gedeih und Verderb den Waren ausgeliefert, die er produziert und deren größter Teil zum Töten bestimmt ist.«

(Georges Bataille)

Die drei folgenden Kapitel handeln von der Verführung und der Zauberkraft der Farbe Weiß: Das männliche wie das weibliche Weiß tragen den alten Fruchtbarkeitszauber, der sich verführerisch äußert, tief in sich. Diese Verführung mag sexuell oder die zur Macht oder gar zur Erleuchtung sein.

Der männliche Zauber leitet sich aus der Schöpferkraft ab, wie sie von Shivas Lingam und dem weißen Samen symbolisiert wird. Der weibliche Zauber wird mehr auf die verführerische weiße Haut und die vielgenannten weißen Brüste bezogen.

Weiß bietet sich als Zauberfarbe an, da es aus dem Unsichtbaren kommt – wie das durchsichtige Wasser zum weißen Schnee und Eis gefriert – und in das Jenseitige als Todesfarbe hinreicht. Weiß kann sich leicht verändern, seine Farbreichweite ist gering. Wenn ich eine andere Farbe einmische, verliert Weiß sehr schnell seinen genuinen Charakter. Weiß ist von seinem Wesen her eine Farbe der Veränderung und des Übergangs: die ideale Zauberfarbe.

Die kleine Alice trifft (in Lewis Carrolls Roman »Alice im Wunderland«) im Zauberland, also dort, wo alles anders ist, wo sich beständig alles ändert, wo das Unerwartete die Norm ist, zuerst auf das weiße Kaninchen (white rabbit) mit seinen eleganten weißen Glacéhandschuhen. In diesem Zauberland wächst ein weißer Rosenbaum, den drei Gärtner rot anzumalen suchen. Das weiße Kaninchen führt Alice in dieses Wunder- oder Zauberland, in das nur ein weißer Führer einen führen kann – so sah es im 19. Jahrhundert der Mathematiklehrer Lewis Carroll, der intuitiv die Magie der weißen Farbe erfaßt hatte, die in seinem Wunderland eine besondere Rolle spielt.[1]

Wir begegnen drei Arten des weißen Zaubers:

- dem Schutz- und Abwehrzauber,
- dem Fruchtbarkeitszauber
- und dem Heilzauber.

In allen diesen drei Formen des weißen Zaubers wird wie in der Alchemie der Wandlungscharakter des Weißen betont.

1. Der Schutz- und Abwehrzauber der Farbe Weiß

Weiß ist eine Farbe, die das auf sie fallende Licht vollständig reflektiert; genauso soll der ideale Schutzzauber aussehen: Alles Böse, das gegen jemanden gerichtet wird, soll abprallen und reflektiert werden. Aus diesem Grunde trägt man in Syrien bis auf den heutigen Tag weiße Steine an einer Kette um den Hals und nehmen noch heute alle farbigen Völker an, daß ihre Magie nicht bei Weißen wirkt. An der weißen Haut prallen die magischen Energien ab.

Für heutzutage nicht mehr so wirksam halte ich einen Ratschlag aus dem Elsaß des 18. Jahrhunderts: Gegen wilde Tiere soll man sogleich sein weißes Taschentuch auf den Boden werfen und sich darauf stellen. Ob das das Tier verblüffen soll?

Solche und ähnliche Ratschläge waren weit verbreitet. In einigen Gegenden band man sich als Schutz gegen wilde Tiere ein

weißes Tuch um den Kopf, in anderen braucht man nur ein weißes Taschentuch zu schwenken.
Weiß soll gegen das Wilde beschützen. Bei Hexen kann ich mir das noch vorstellen, aber bei den wilden Tieren weniger. Ob hier das wilde Tierische gemeint ist und man sagen möchte, gegen alle Anfechtungen solle man sich durch den Rückzug (bzw. die Rückbesinnung) auf seine Unschuld retten?
Wo begegnet man diesen wilden Tieren? Natürlich im Wald, dem symbolischen Ort des Unbewußten. Das Unbewußte, gemeinhin als Schwarz gedacht, kann man nur betreten, wenn man weiße Flecken als »stepping stones«[2] in ihm anlegt. Das Bewußte muß weiße Inseln im schwarzen Unbewußten schaffen, um sich dort bewegen zu können. Freud würde dazu sagen: Es-Anteile müssen bewußtgemacht und dem Bewußten integriert werden. Das Weiße muß Licht ins Dunkel bringen. Man hält sich also fest an seinem Bewußtsein wie an seinem weißen Taschentuch, und die wilden dämonischen Tiere der Unterwelt, all diese Launen, Verstimmtheiten, Süchte, Projektionen und Ängste werden verjagt. Der Rat vom weißen Taschentuch will sagen, daß in Gefahr und Not die Besinnung auf das weiße Bewußtsein hilft.[3]
Sehr anschaulich wird in den Weinbaugegenden des Badischen gezeigt, wie man sich mit der Farbe Weiß als Farbe des Bewußtseins gegen sein Unbewußtes schützt. So muß dem Brauch nach der Weinbauer, wenn er im Keller arbeitet, immer zum Schutz einen weißen Schurz tragen. Auch Priester und Zauberer tragen Weiß[4], da der Verkehr mit den Göttern und Dämonen gefährlich ist und man natürlich nur in absoluter Reinheit am Göttlichen teilhaben kann.[5] In den Laboratorien trägt der Wissenschaftler weiße Schutzkleidung. Er muß sich dort beim Experiment als Frage an die Naturkräfte (an Gott, wenn man so will) vor den Dämonen hüten, die ihn zum Vergessen seiner Ethik bringen wollen. Man soll nur rein die Naturkräfte befragen; es geht um Objektivität und Klarheit, um die »Reinheit der Forschung und Lehre«, um all das, was die Farbe Weiß vorzüglich darstellt.

Man sollte in diesem Zusammenhang auch nicht die engen Verbindungen des Weißen zur Macht vergessen. In aller Welt tritt der Volksglaube auf, daß weiße Gegenstände Macht verleihen, da der Besitzer sich mit deren Hilfe Götter, Dämonen und Menschen dienstbar machen kann. Macht stellt den besten Schutz- und Abwehrzauber dar, auf dieser Aussage baut die Rüstungsindustrie auf.

Wenn in Asien beim Ausbruch von Epidemien weiße Fahnen in einer Prozession getragen werden, halte ich diesen Vorgang für einen sogenannten Lehrbrauch, aus dem sich der Schutzzauber entwickelte. Ein Lehrbrauch soll der Bevölkerung ein notwendiges Wissen für eine bestimmte Situation vermitteln. Viele unserer christlichen Feste können als Umdeutungen keltischer Lehrbräuche angesehen werden (z.B. der Nikolaustag und wohl auch Ostern). Die Prozession der weißen Fahnen verweist ganz praktisch auf die Notwendigkeit von Sauberkeit und Reinheit. Sauberkeit und Reinheit stellen die Grundlagen eines jeden wirksamen Schutzes im Seuchenfall dar.[6]

Im Mittelalter züchteten englische Geistliche und fromme vornehme Herren weiße Rinder. Der Genuß des Fleisches weißer Rinder soll reinigen und gegen Krankheiten schützen. Später, als die Zucht weißer Rinder im englischen Adel zur Mode wurde, sagte man dem Fleisch weißer Rinder nach, daß es besonders wohlschmeckend sei. Aus dem Schutzzauber der Farbe Weiß wurde ein modischer Zwang, der in der heutigen blütenweißen Wäsche (erst einmal) endete. Immerhin schützt diese blütenweiße Wäsche vor dem bösen Blick des Nachbarn.

2. Der Fruchtbarkeitszauber der Farbe Weiß

Aus dem weißen Licht entsteht durch prismatische Brechung der Regenbogen. Aus dem einen Weiß entstehen alle Farben, man könnte es auch poetisch mit »Weiß ist die Mutter aller

Farben« ausdrücken. Weiß ist zugleich Symbol für das neugeborene Kind: Weiß entstand als erste Farbe durch die Verdichtung oder Erstarrung eines Durchsichtigen (Goethe), so wie weißer Nebel aus der Verdichtung durchsichtiger Wassertröpfchen entsteht.
Weiß vermag sowohl die Mutter als auch das Kind zu symbolisieren; es ist schon von seinem Charakter her dazu prädestiniert, ein Fruchtbarkeitssymbol zu sein. Im deutschen Spät-Mittelalter war Weiß derart eng mit der Fruchtbarkeit assoziiert, daß man bei Nachweisen der Fruchtbarkeit das Ejakulat auf seine Farbe hin überprüfte: Gesundes und fruchtbares Ejakulat mußte rein weiß sein, während das ins Gelbliche spielende Ejakulat steril gewordenes Sperma enthält.
In Indien finden wir diesen Zusammenhang im Bild der Göttin *Gauri* dargestellt. Sie stellt eine Erscheinung der fruchtbaren Mutter dar.[7] Ihre Symbolfarbe in der bildlichen Darstellung ist das reine Weiß. Die weiße Urmutter hat alle Menschen geboren und beschützt alles Leben. Ihre Ergänzung bildet die furchtbare Mutter, die verschlingende schwarze *Kali*. So stehen sich Schwarz und Weiß als Tod und Fruchtbarkeit gegenüber und bedingen sich gegenseitig.

Auch im deutschsprachigen Bereich finden wir noch heute Belege für die Benutzung der Farbe Weiß als Symbol der Fruchtbarkeit. In Baden zum Beispiel sät der Bauer die Saat aus einem weißen Tuch, auf daß die Pflanzen gut gedeihen. Um das Vieh ebenso gedeihen zu lassen, vergrub man in vielen ländlichen Gegenden einen weißen Stein[8] unter der Stalltüre. – Allerdings ist bei vielen Belegen, wie auch bei diesem hier, nicht klar, ob es sich um einen Schutz- oder Abwehrzauber handelt.
Ein eindeutiges Beispiel für die Verbindung des Fruchtbarkeitszaubers mit der Farbe Weiß finden wir in der Baseler und alemannischen Fastnachtstradition. Dort tanzen dem Brauch nach die Mädchen rein weiß gekleidet um den Johannisbaum. Gegen

Ende dieses Kapitels werden Sie noch von dem weißen Phallus Shivas lesen, einem männlichen Fruchtbarkeitssymbol aus weißem Eis.

Man könnte alle diese Belege im übertragenen Sinne deuten und feststellen, daß nur auf dem Boden der Unschuld und Reinheit etwas Fruchtbares entstehen kann. Unschuld und Reinheit segnen die Fruchtbarkeit.

Wir schlafen heute meistens in rein weißer Bettwäsche: Unsere Unschuld und Reinheit soll hier betont werden, um unsere Fruchtbarkeit zu segnen. Noch mein Großvater meinte, ordentliche Leute, die es zu etwas bringen, schlafen immer in makellos reiner Bettwäsche. Er dachte, die rein weiße Bettwäsche würde sich als fruchtbar erweisen, indem sie ökonomischen Zugewinn brächte. Weiß als Lichtfarbe strahlt aus, wie wir in der Übung 6 im beiliegenden Übungsheft auf den Seiten 12 und 13 sehen werden. Ein weißer Kreis wirkt größer als ein dunkler gleicher Größe. Weiß stellt schon von seinen Farbeigenschaften her die Farbe der Mehrung dar.

Wie zur Zeit unserer Mütter die weiße Bettwäsche ganz normal war und auch heute noch im Schlafzimmer vieler Menschen weißgebrochene Farben – Rosa und weißgebrochenes Blau sind traditionell besonders beliebt – vorherrschen, ebenso verhält es sich mit der Farbe der Unterwäsche.

In Weiß läßt sich die Dialektik von Unschuld und Fruchtbarkeit am besten ausdrücken, und wir sind damit wieder bei der männlichen Projektion angelangt, daß die Unschuld sich nach der Verführung sehnt, wie anders kann sie sonst fruchtbar sein.

Die Unterwäsche muß auch deswegen weiß sein, da sie die weißen Körperstellen verdeckt, jene »private parts«[9] – wie es der Engländer mit Understatement ausdrückt –, die immer bedeckt bleiben sollen. Sie sind so weiß, da selbst die Sonne sie nie sieht. Die weißen Brüste der Geliebten inspirierten schon seit dem Mittelalter viele Dichter. Die weiße Unterwäsche stellt die zweite weiße Haut dar. Und diese zweite weiße Haut zieht eine Grenze:

Wenn man man die weiße Unterwäsche abstreift, ist diese Grenze überschritten, man hat einen Teil seiner Unschuld abgelegt.

So sind wir bei einer der ältesten Schichten der Farbe Weiß angelangt. Da die Erfahrung der weißen, nährenden Milch die Menschheit seit ihrem Beginn geprägt hat, wurde schon vom Anbeginn der Menschheit die Farbe Weiß mit der Fruchtbarkeit assoziiert. Dazu kommt noch, daß die Farbe des männlichen Samens ebenfalls weiß ist, wie auch Eier meistens eine weiße Farbe aufweisen. Ich würde Weiß als archetypisches Farbsymbol der Fruchtbarkeit ansehen.

3. Der Heilzauber der Farbe Weiß

Dort, wo Schutz, Abwehr und Fruchtbarkeit zusammentreffen, da ist die Heilung nicht fern. Es verwundert von daher keineswegs, daß Weiß die mächtigste Farbe des Heilzaubers darstellt. Seit man von der Bedeutung der Hygiene für die menschliche Gesundheit überzeugt ist, symbolisiert Weiß unbestritten das Saubere, Hygienische und Reine, also das Gesunde.
Die Lichtfarbe Weiß bietet sich auch als Heilfarbe an: Das Licht als Symbol des Geistes ist der mächtigste Heiler, und dieses Licht wird durch die Farbe Weiß verdeutlicht. Im Volksglauben wurde der Geist schnell materialisiert, man glaubte, daß jegliche weiße Materie heilen würde. Gegen die englische Krankheit (verbreitete Mangelernährungskrankheit) gab man erstaunlicherweise noch vor 80 Jahren Kindern den Absud von weißem Hundekot zu trinken, auch nahm man an, daß weiße Wolle Hautausschlag heile und daß eine aufgeriebene weiße Rettichscheibe, ins Genick gebunden, Zahnschmerzen verscheuchen würde.
Diese Beispiele ließen sich fast beliebig vermehren[10], ja es gibt wohl fast keine Krankheit, gegen die gemäß dem Volksglauben Weiß nicht das Mittel der Wahl wäre.

Heiler der verschiedensten Kulturen tragen Weiß, was oft dadurch erklärt wird, daß man mit der weißen Farbe der Kleidung das weiße Göttliche auffange, das man in den Körper des Kranken weiterleite. Viele Heiler behaupten, daß man in weißer Kleidung leichter seine heilenden Kräfte aussenden könne. Dunkle Kleidung würde sich zum Beispiel hemmend auf das Aussenden der Lichtenergien auswirken.

Noch heute stellt man sich die heilenden Energien im esoterischen Heilen als Lichtenergien vor. Dunkles behindert diese Lichtenergien, da es Licht schluckt; Weißes dagegen reflektiert alles Licht.

Es ist unbestreitbar, daß Weiß eine Farbe des Heilens darstellt. Allerdings ist die weiße Farbe in der Werbung der Nahrungsmittelindustrie so übertrieben angewandt worden, daß in diesem Bereich Weiß schon wieder zu einem Symbol für das Ungesunde wurde. Weiße Nahrungsmittel heißt im großen und ganzen ungesunde Nahrungsmittel. So kann sich ein Symbol durch seinen unablässigen Gebrauch in seiner Bedeutung wandeln, um dann in seine gegenteilige Bedeutung umzuschlagen. Weiß ist ursprünglich eine Farbe des Lichtes und der Fruchtbarkeit, es wurde zur Farbe des Schutzes und des Nährens, um dann zur Farbe der Heilung zu werden. Heute schlägt Weiß als Farbe der Heilung in Weiß als Farbe des Todes um, wie bereits erwähnt.

Ursprünglich waren alle Pillen und Tabletten weiß gefärbt, um wenigstens durch die Farbe Gesundheit zu suggerieren. Man vereinnahmt das Weiße und wird gesund. Von der Vereinnahmung des Weißen versprach man sich schon seit langem magische Kräfte.

Besonders wirksam soll es sein, das Fleisch einer weißen Schlange zu essen. Einige Quellen sagen, man würde dann die Sprache der Tiere verstehen, andere meinen, man bekäme Visionen und könne in die Zukunft blicken. Vielleicht kann man das auch als Heilung verstehen, wenn man nach der Verinnerlichung des

Weißen wieder die Sprache der (eigenen) Natur versteht. So wird man weise. Hoffnungen auf solche tiefgreifenden Heilerfolge wollen die weißen Dragees, Tabletten und Pillen wecken. Da sie aber nicht mehr von der weißen Schlange stammen (der Kundalini oder Lebenskraft), besitzen sie auch deren Kraft nicht mehr: Ihnen fehlt die Lebenskraft oder die Seele. Das Bild von der Verspeisung der weißen Schlange möchte sagen, wer die Lebenskraft in sich aufnimmt, der wird mit der Natur sprechen können, die ihm das Rechte zur Gesundung rät. Die Pharma- und Lebensmittelindustrie verkürzte diesen Mythos zu »Weiß heilt«; es ist jedoch weitgehendst fraglich, ob die moderne Chemie wirklich der »Heilung« dient. Aus der Farbe des Lebens kann nur zu leicht die Farbe des Todes werden.

Wenn Weiß zu rein wird, bekommt es etwas Synthetisches, Lebensfeindliches. Das schützende, heilende und nährende Weiß blendet nicht, es ist ein mildes Weiß, ein warmes Weiß, das einen leichten Stich ins Gelbe aufweisen kann.

Das harte, kalte Weiß, das im Extrem einen leichten Blauschimmer besitzt, das bis zur Blindheit blenden kann, ist das synthetische Weiß, welches wir von den berüchtigten Nyltest-Hemden der fünfziger Jahre und vom Neon-Licht kennen.

Das geistige Weiß, das heilt, entspricht der weißen Seide oder der weißen Wolle, das synthetische Weiß, das den Tod symbolisiert, entspricht der weißen Kunstfaser, die den Körper vor Angst schwitzen läßt und ihn nicht wärmt.

Anmerkungen

1. Vgl. auch die weißen Schuhe, den Weißfisch, den weißen Rosenbaum, die weißen Glacéhandschuhe, Kreide etc.
2. Als »stepping stones« werden Steine bezeichnet, die knapp unter der Wasseroberfläche liegen, so daß man auf Grund der Kenntnis ihrer Lage den Fluß durchqueren kann.
3. Jupiter opferte man in Rom weiße Stiere, die Indianer opferten weiße Büffelkälber der Sonne, in Peru wurden weiße Lamas geopfert und weiße Hähne auf Jamaika bei schwerer Krankheit. Das sind Riten, die es auch im vorchristlichen Europa gab. Lichtgötter verlangen auf Grund des analogen Denkens nach lichtfarbenen Opfern. So verlangten schon semitische Sonnen- und Mondgottheiten nach Opfertieren, die ihnen glichen.
   Daß bei allen Völkern hauptsächlich weiße Tiere geopfert werden, besagt, daß der Geist (oder zumindest das Bewußtsein) über das Tierische herrschen sollte. Das Tierische muß sterben. Es gemahnt aber auf einer anderen Ebene an die Demut, denn es zeigt, daß selbst die Unschuld, ebendas Weiße, einmal sterben muß. Vom rituellen Schutzopfer des weißen Tieres ist heute noch im Volksglauben und Märchen die Ansicht erhalten geblieben, daß die weißen Tiere (Albinos) persönliche Feinde der bösen schwarzen Tiere seien. »Das Bewußte bekämpft das Unbewußte« scheint hier gesagt zu werden; damit wird die Devise »der Geist muß herrschen« ausgedrückt. »Wo Es war, muß Ich werden«, so drückt Sigmund Freud in seiner analytischen Sprache das aus, was schon vor Zeiten im Opfer des weißen Tieres ausgedrückt worden ist.
4. Z. B. belegt eine Inschrift aus Pergamon (200 v. Chr.), daß die Priester des Zeus ein weißes Gewand tragen müssen. Daß Priester Weiß tragen müssen, hängt mit den Lichtgottheiten zusammen, denen sie sich ähnlich machen wollen. Dieser Zusammenhang ist sehr gut für die persischen Lichtmysterien erforscht worden.
5. Bei den Jainas in Vorder-Indien gibt es eine Sekte der Weißgekleideten.
6. Ähnlich ist folgender Brauch aus Siebenbürgen zu sehen: Bei einer Cholera-Epidemie legt man ein rein weißes Hemd, das in der Nacht gesponnen, gewoben, genäht und gewaschen wurde, auf den Zaun. Eine nackte Gestalt nimmt das Hemd mit der Seuche fort. Hier kommt auch wieder die moralische Seite ins Spiel, die das Nackte bedecken möchte. Ist die Blöße bedeckt, dann geht die Seuche, die als Gottes Strafe für lästerliches Tun angesehen wird.
7. Vgl. NEUMANN, Erich: Die Große Mutter, Olten/Freiburg 1985.
8. In einigen Gegenden mußte der Stein das Gewicht eines Stück Viehs besitzen!
9. »Private Körperteile«, englischer Ausdruck für Genitalien.
10. Auffallend viele Belege zu Augenkrankheiten (Analogiemagie), Fieber und eitrigen Geschwüren (Analogiemagie).

Kapitel 3

Der weiße Zauber des Weiblichen

»Der weiße Birkenwald ist ein guter Ort, um auf ein wunderschönes Mädchen, weiß wie der Tag, zu warten.«
(Dafydd ap Gwilym, walisischer Dichter, 14. Jahrhundert)

1. Weiß zwischen Verführung und Unschuld

Lassen Sie mich mit einem Ausschnitt aus dem erotischen Gedicht von John Downe »Seiner Geliebten da man zu Bette geht« beginnen:

»Des Kleides Fall enthüllt mir Lieblichkeit:
Blühende Au vom Bergschatten befreit.
Fort mit dem Kranz aus Draht; zeigt und erschließt
Das härene Diadem, das Euch entsprießt.
Fort nun die Schuh, dann tretet ruhig ein
Ins weiche Bett der Liebe heil'gen Schrein.
So weiß gewandet trat der Engel Schar
Vor Menschen hin; du Engel bringst mir dar
Den Himmel wie Mohammeds Preis;
Und wandeln üble Geister auch in Weiß –
Wer Dämon ist, wer Engel, sagt dies wahr.
Der läßt das Fleisch ersteh'n, jener das Haar.«

Wer mag schon Weiß als Farbe der Unschuld von Weiß als Farbe der Verführung scheiden? Weiß schillert: Dämonen und Engel, üble Geister und die Geliebte wandeln ganz in Weiß. Die Geliebte ist Engel und Dämon, da sie im weißen Kleid die Hingabe symbolisiert.

Weiß ist jedoch nicht nur der hehren Haltung der Hingabe verbunden, sondern auch der massiven Verführung. In einer deutschen Badeordnung von 1758 heißt es:

»Weißes zartes Tuch schickt sich nicht dazu (zur Badekleidung), weil es sehr am Leibe klebt und dessen Beschaffenheit zeigt.«[1]

Im Familienbad Zoppot waren noch zu Beginn dieses Jahrhunderts weiße Badetrikots verboten.

Das ganze Mittelalter hindurch sah man eine Person, die einzig mit einem weißen Hemd gekleidet war, als nackt an. Das weiße Hemd wird fast schon wie die hochsexualisierte weiße Haut angesehen.[2]

Daß die weiße Haut unter dem weißen Hemd verführerisch wirkt, wußten die Damen schon im Mittelalter. Noch 1715 wurden als Weißmacher der Haut ganz dem analogmagischen Denken folgend weißes Hühnerfleisch, Esels- und Ziegenmilch, weißer Weinstein und Weißbrot angepriesen. Es herrschte schon damals Konjunktur für solche Mittel. Das zu Beginn dieses Jahrhunderts vielgelesene Buch »Die Frau als Hausärztin«[3] schlägt allerlei Mittel vor, »um die Haut dadurch weißer und beliebter zu machen«.[4] Sonnenbäder in weißen Tüchern und die koketten dunklen Schönheitspflästerchen sollten die Weiße der Haut »beliebter« machen.

Weiß ist eine zwiespältige Farbe, es steht für die Hingabe wie für die Unschuld. Daraus wird dann leicht der Schluß gezogen, daß die Unschuld die Hingabe symbolisiere. In weißen Dessous soll die Unschuld die Bereitschaft zur Hingabe symbolisieren, aber beim weißen Kleid mag es sich schon ganz anders verhalten. Auf jeden Fall neigt das Männliche dazu, im Weiß die Farbe der Verführung zu sehen. Weiß stellt die wichtigste Zauberfarbe neben Schwarz dar: Und bei der Verführung soll schließlich auch verzaubert werden.

Dieses Ambivalente und Zwiespältige der Farbe Weiß finden wir sehr exakt in Dashiell Hammetts Erzählung »Das Haus in der Türkenstraße« gestaltet.[5] Zunächst trifft der Detektiv und Erzähler auf ein freundliches altes Ehepaar. Der Mann besitzt einen weißen Bart, der über eine bretthart gestärkte weiße Weste

fällt. Sie trägt eine weiße Schürze vorgebunden. Dieses freundliche weiße Ehepaar entpuppt sich im Laufe der Kriminalerzählung als überaus gefährlich, als der ältere Herr gleich zwei Pistolen hinter seiner weißen Weste hervorzieht und die alte Dame ihre viel zu große Pistole unter der weißen Schürze hervorholt. Zur Bande dieser beiden Alten gehört noch ein junges Mädchen mit weißem Gesicht. Der trockene Kommentar des Detektivs zu dieser weißen Schönheit: »Sie war so schön wie der Teufel und doppelt so gefährlich.«[6]
Natürlich geht sie aus dieser Kriminalgeschichte als Siegerin hervor. Unauffindbar verschwindet sie mit dem Raub. Ihr Gesicht kann von heiterer Fröhlichkeit zum Ausdruck eiskalter Berechnung wechseln.
Hier ist die weiße Frau, sowohl das junge Mädchen wie auch die alte Dame, die gefährliche Frau, die furchtbare Mutter. In dem alten Herrn ist ebenfalls dieser Zug der Farbe Weiß gestaltet, denn er lebt fast die ganze Erzählung hindurch seine weibliche Seite.
Das Weiß bildet auch eine Fassade, hinter der sich so einiges zu verstecken vermag. Das ist eine häufige Denkfigur des männlichen Denkens: die Unschuld als Tarnung für die Wildheit anzusehen. Der Mann fühlt sich oft bewogen, solche Unschuld zur Wildheit hin befreien zu wollen.

Erinnern wir uns an Merlin und Viviane: Merlin begehrte Viviane. Viviane ist als weiße, listige Fee bekannt. Sie ließ sich nämlich zuerst von Merlin einen Weißdorn[7] zaubern und sich dann den Bindungszauber zeigen, mit dem sie Merlin nach ihrer Hingabe band. Die weiße Fee verzaubert, verführt, sie gibt sich hin und bindet.
Schön finde ich in dieser Sage dargestellt, wie Merlin sich durch seinen eigenen Zauber verzaubern läßt. Merlin ist in zweifacher Hinsicht der Weiße: einmal als der weise alte Mann, zum anderen als Zauberer oder Priester.

Hier ist am männlichen Prinzip gestaltet, wie das Weiße zu verführen beginnt, um sich verführen zu lassen. Was hier an Viviane gezeigt wird, nannte man in der Männerbewegung »Frauenspielchen«. An Viviane zeigt dann die Sage ganz geschickt, wie das Weiße durch sein zielgerichtetes Vorgehen zum Wissen gelangt. Wer könnte Viviane anders sein als die weiße Anima, die durch den männlichen Geist befruchtet werden möchte, während Merlin den weißen Animus der Frau darstellt, der wissend auf ihr Spiel eingeht und sie verführt.

Es fällt ins Auge, wie stark die Farbe Weiß in dieser Erzählung präsent ist: Die beiden Protagonisten Merlin und Viviane werden als weiße Wesen geschildert, und alles geschieht hinter dem Weißdorn, der seit jener Episode »Merlins Busch« genannt wird.

Merlins Busch ist der häufigste Heckenbaum Englands, den der weise Alte geschaffen hat, um der Verführung des Weiblichen zu unterliegen – und das, obwohl er um diese Verführung wußte. In Zimmer-Bradleys Roman »Die Nebel von Avalon« führt die Verführung zum Tod des Männlichen und des Weiblichen: Das Männliche (Merlin) wird dort durch das Weibliche (Priesterin) umgebracht, und das Weibliche bringt sich selber um.[8]

In der ursprünglichen Merlin-Sage findet alles ein glückliches, wenn auch etwas zwiespältiges Ende: Merlin wird mit seinem eigenen Bindungszauber von Viviane in Avalon, der Insel der Glückseligen[9], auf 200 Jahre festgesetzt. Für neuere Nacherzählungen dieser verbreiteten Sage war Merlins Glück auf Avalon nur dadurch getrübt, daß er keiner anderen Fee außer Viviane nahekommen durfte.

Weiß als Farbe der Hingabe kann den Tod oder die ewige Glückseligkeit bringen.

Der Weißdorn – sollte das Merlins letzte Geste in dieser Welt gewesen sein, bevor er für 200 Jahre in die Anderswelt von Avalon verschwand? Der weiße Busch sagt: »Seht, ich bin unschuldig an der Verführung.« Zum Zeichen dieser Unschuld wächst

der Weißdorn, von dem gesagt wird, daß er alles Böse abhält, gegen Fieber und Zahnschmerz hilft, den Wöchnerinnen eine leichte Geburt verschafft (Sympathiezauber) und die Hexen abhält. Oder sollte der weise Merlin seines schlechten Gewissens wegen diesen so nützlichen weißen Busch hinterlassen haben? Allerdings darf hierbei nicht vergessen werden, daß bei den Germanen der Weißdorn dem Totenkult verbunden war.[10]
Auf dem Kirchhof der Abtei von Glastonbury (England) stand ein Weißdorn, der der Abkömmling des berühmten Stabes sein soll, den Joseph von Arimathia[11] am Christabend in die Erde steckte und der sich jede Christnacht mit weißen Blüten bedeckt.

Aber lassen wir uns nicht durch solche Geschichten verzaubern. Weiß hat ursprünglich mit Zauberei zu tun, von daher bekommt es seine Kraft. Merlin und Viviane benutzten als Zauberer die Farbe Weiß, um sich unter ihr verzaubern zu lassen, die Helden in Dashiell Hammetts Erzählung benutzen Weiß, um sich hinter der Unschuld und Reinheit zu verstecken. Hinter dem Weiß sitzt bei ihnen eine tödliche Gier.
In jedem alten Zauber klingt auch eine sexuelle Ebene mit an, die der Motor des Zaubers ist. Weiß will verzaubern und verzaubert werden. Und da sind wir wieder bei der weißen Unterwäsche, den Dessous und der weißen Bettwäsche angelangt. Weiß besitzt wie nur noch Rot und Schwarz eine enorme sexuelle Aufladung. Verführung und Unschuld werden in einer Farbe vereint: Weiß stellt beides dar, deswegen ist es so ungeheuerlich ambivalent: Es gibt sich hin und will die Grenze wahren, es ist eine überaus auffällige Farbe, die schnell allen Dreck anzieht, und zugleich Symbol des Reinen.
Diese Ambivalenz des Weißen mobilisiert beim Mann sehr leicht Sexualängste. Selbst der harte Mann bekommt Angst angesichts der schönen weißen Frau, die so raffiniert agiert wie in Dashiell Hammetts Erzählung »Das Haus in der Türkenstraße«.

Am deutlichsten finden wir diese männlichen Sexualängste im weißen Wal gestaltet: der verschlingende weiße Wal als die furchtbare Mutter, die *Vagina dentata* (Scheide mit Zähnen), die den Mann kastriert. Das ist die weibliche Natur in ihrer negativen Erscheinungsform: Im weißen Wal genauso wie beim bösen Meeresstrudel *Skylla* der Griechen finden wir hier den weiblichen Archetypen in seiner negativen Form gestaltet. Der weiße Wal wird zum zähnebewaffneten Schoß, wobei die Zähne das destruktiv Männliche symbolisieren. Kapitän Ahab will der Held werden, indem er versucht, die Zähne aus der Scheide der furchtbaren Mutter auszubrechen – was ihm nicht gelingt. Auch Hammett gelingt es nicht, die raffinierte weiße Schönheit zu überlisten.

Diese gefürchtete, kastrierende Seite des Weiblichen wird am häufigsten in der archetypischen Form des zähnestarrenden Mundes erlebt. Da die gefährlichen Zähne grausam weiß sind, stellt auch die Vagina dentata eine Erscheinungsform der Farbe Weiß dar.[12]

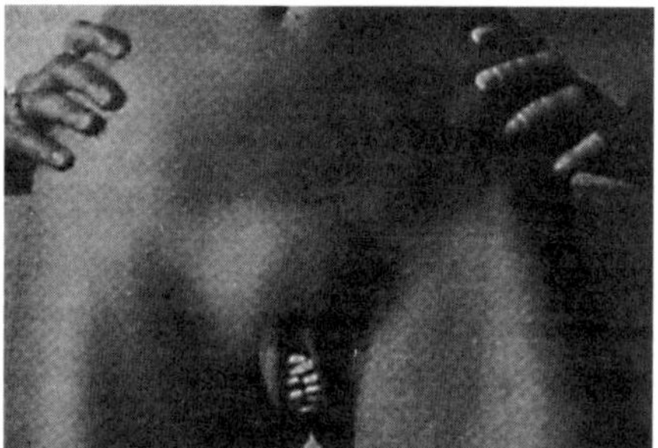

Abb. 4: My Pussy has Teeth (U. Arens)

Diese Vorstellung dynamisiert das gesamte negative Bedeutungsfeld der Farbe Weiß.[13]

In »Merlin, dem Weißen« hat der Mythos eine Männergestalt geschaffen, die nicht von diesen aus den Sexualängsten hervorbrechenden Bildern geprägt ist. Merlin läßt sich wissentlich verzaubern, er gibt sich freiwillig hin, obwohl er um die Konsequenzen (die feste Bindung) weiß. Merlin und Kapitän Ahab stellen die beiden Pole dar, zwischen denen sich das männliche Verhalten in Konfrontation mit dem Weiblichen abspielt.
Man sollte genau auf die Symbolik achten: Sie drückt ihr Wissen um subtile Zusammenhänge aus, indem sie die weiße Haut sowohl den Tod als auch die Erotik symbolisieren läßt. Die männliche Todesangst angesichts des Weiblichen manifestiert sich im Bild der Vagina dentata und zugleich in dem Wunsch, in die Reinheit des Paradieses aufgenommen zu werden.

2. Die weiße Unterwäsche und die Sexualängste der Frau

Eine deutsche Illustrierte vermutete einen Zusammenhang zwischen der Vorliebe für weiße Unterwäsche und den Sexualängsten der deutschen Hausfrau. Hier liegt eine einseitige Verkürzung der Farbe Weiß auf den Bereich der Unschuld vor. Diesen eindimensionalen Gebrauch der Farbe Weiß finden wir ebenfalls in modernen esoterischen Kreisen. Dort wird, der christlichen Tradition folgend, Weiß als reine Unschuldsfarbe angesehen. Man könnte fast meinen, an der Einstellung der Farbe Weiß gegenüber zeigten sich Menschenbilder.
Wenn die weiße Unterwäsche ein Symptom der Angst darstellt, dann steht Weiß für die Unschuld, die man zu verlieren fürchtet. Der Mensch wird weiß aus Angst vor seinem Schuldigwerden, hier geistert die Angst vor der Sünde herum, von deren Auswirkungen man sich wieder und wieder bis in den Tod reinigen muß. Wir sehen den schuldbewußten Menschen, der darum ringt, unschuldig zu bleiben.

Weiß gilt als Farbe der Verführung und der Fruchtbarkeit; Mann und Frau als zwei sich ergänzende Energien müssen sich verbinden und fruchtbar werden. In diese lebendige Welt der Anziehung gehört das weiße Dessous, das weiße Bettlaken und das weiße Nachthemd. Interessant ist in diesem Zusammenhang, daß gerade in der erotischen Literatur der Name ›Angélique‹ sehr beliebt ist: die Frau als der weiße Engel, dessen Lebensinhalt in der Verführung und im Verführtwerden besteht. Es gibt auch weiße Damenleibwäsche mit dem Namen Angélique, die wohl die Spannung zwischen engelhafter Reinheit und heißer Sünde betonen soll.

Die weißgekleidete Frau symbolisiert letztlich das urzeitliche Paradies, jenen Zustand, der jenseits aller Schuld angesiedelt ist. Wir treffen hier auf die Vorstellung des wiedergewonnenen Paradieses und des geläuterten Menschen.

Es kommt darauf an, welche Einstellung man der Farbe Weiß entgegenbringt. Weiß reflektiert die eigene Sichtweise. Wer auf Verführung sinnt, der sieht diese in Weiß, wer seine Reinheit bewahren möchte, trifft diese ebenfalls in Weiß. Weiß verhält sich wie der magische Spiegel, durch den hindurchschreitend man in Anderswelt ankommt: Es spiegelt alles wider, und man kann auch durch dieses Weiß hindurchgehen, um sich im Dschungel seiner eigenen Triebe orientieren zu können.

Übung 4:
Visualisierung »Das erotische Weiß«

Legen Sie sich jetzt mit Ihrem Rücken auf den Boden, die Arme liegen ganz entspannt rechts und links neben Ihrem Körper. Sie schließen Ihre Augen und atmen tief und regelmäßig durch Ihre Nase. Lassen Sie sich tiefer und tiefer in den Boden sinken. Sie sind jetzt ganz entspannt, und Ihre Gedanken kommen und gehen, ohne daß Sie sie halten wollen.

Visualisieren Sie sich ganz in Weiß. Stellen Sie sich vollständig weiß angezogen mit einer Person des anderen Geschlechts vor. Zunächst stellen Sie sich selbst in heller Kleidung, die Sie immer heller werden lassen, vor. Dann visualisieren Sie die andere Person in Ihrer Nähe. Lassen Sie Ihrer Phantasie freien Lauf. Schauen Sie sich an, wie die Bilder sich entwickeln. Greifen Sie nicht ein, aber bleiben Sie sich immer bewußt, daß Sie eine rein weiße Person darstellen.
Schauen Sie sich zunächst für etwa fünf Minuten Ihre Bilder wie einen Traum an. Dann kommen Sie wieder langsam in Ihre Wirklichkeit zurück. Bleiben Sie noch etwas liegen, und lassen Sie Ihre Phantasie nachwirken.

Diese Übung kann man so lange über Monate und Jahre hin wiederholen, bis ihre Bilder sich erschöpft haben. Sie mögen später auch in diese Bilderwelten eingreifen, mit ihnen spielen, Sie müssen nur immer die Vorstellung von sich als weißer Person und einer Person des anderen Geschlechts in Ihrer Nähe halten.
Als ich einem befreundeten Psychologen von meinen weißen Traumreisen erzählte, sah er diese als idealen Test an, um festzustellen, ob die betreffende Person eine katholische Erziehung genossen habe. Wenn ja, dann würde zumeist der Unschuldsaspekt des Weißen in der Phantasie ausagiert, wenn nein, dann eher der Verführungsaspekt. Im Traum und im Leben (und in obiger Übung) verbinden sich beide Aspekte meist untrennbar. Weiß drückt die Spannung aus, die die menschliche Sexualität ausmacht. Das kann man sehr schön an der Geschichte des weißen Dessous ablesen, die mit der Erforschung der Vielschichtigkeit von Liebesbeziehungen im Roman des 19. Jahrhunderts Hand in Hand ging:

> »... *als das Hauptinteresse der Romanschreiber sich auf die Geheimnisse der weiblichen Seele richtet – da wächst auch die Bedeutung und die Verschiedenartigkeit der Leibwäsche. Je näher man der Ent-*

deckung eines lebendigen und pulsierenden Subjekts kommt und die Verstrebungen von Korsett und Krinoline, die es gefangen hielten, entfernt werden, desto wertvoller und zahlreicher werden die Dessous und eröffnen Erotik und Lust einen Raum.«[1]

Dies ist der Raum der Intimität und Transparenz. Bei dem weißen Dessous, jenem Nichts, gibt sich die Farbe Weiß fast durchsichtig. Weiß beschreibt den Raum der erotischen Imagination, den Ort der Illusion, jenen Hauch von Luxus und Erotik, der das Unerreichbare umweht, das man schon zu sehen glaubt.
Die weiße Leibwäsche drückt keineswegs eindimensional die Sexualängste der Frau aus. Das werden Ihnen Ihre Phantasien zu der Übung oben zeigen. Mit dem weißen Nachthemd[2] steigt die Frau als Braut ins weiße Bett und signalisiert ihre Hingabe – ganz in Weiß ... Die weiße Unterwäsche läßt die weiße Haut darunter erahnen. Die Frau im weißen Nachthemd, die Frau im weißen Kleid und die Frau mit der weißen Leibwäsche stellt das Trugbild einer überhöhten, idealisierten Frau dar. Da steht die weiße, sakralisierte Frau vor uns, deren Körper erhoben ist. Weiß negiert die Anziehungskraft des Körpers und steigert sie zugleich.[3]
Weiß als Ausdruck der Sehnsucht und des ewigen Begehrens – Weiß als Angst vor der Schuld. Der begehrliche Körper wie der begehrte Körper werden als weiß bezeichnet. Die vielzitierte weiße Leibwäsche ziert immer sowohl die Verführerin als auch die tatsächlich Unschuldige.

Anmerkungen

Kapitel 3.1:

1. Zit. nach DUERR, Hans Peter: Nacktheit und Scham. Der Mythos vom Zivilisationsprozeß, Frankfurt/M. 1988, S. 111.
2. Ich möchte Ihnen den folgenden Abschnitt aus einem erotischen Vagantenlied, das die Verbindung zwischen weißer Haut und Hemd drastisch darstellt, nicht vorenthalten:
   »Er graif mir an den wizen lip
   Er sprach: Ich mache dich ein wip:
   Er warf mir uf daz hemdelin
   Er rannte mir in das purgelin.«
3. »Die Frau als Hausärztin«, Stuttgart 1908.
4. Ebd., S. 89.
5. HAMMETT, Dashiell: Das Haus in der Türkenstraße. In: Hammett, D.: Das große Umlegen, Zürich 1978.
6. Ebd., S. 73.
7. Der Weißdorn gilt allgemein als sehr zauberträchtiger Busch, der sich besonders für den Schutzzauber eignet. So sollen z. B. Weißdornhecken um den Garten und das Haus vor Schlangen schützen.
8. Die jungfräuliche Priesterin verführt den Druiden, der zum Christentum hin tendiert, wodurch sie ihn dem Foltertod durch die Priesterinnen ausliefert. Sie selbst begeht daraufhin Selbstmord.
9. Avalon bezeichnet das geliebte, weiße Land wie Kanaan, das Land, wo Milch (!) und Honig fließt.
10. Der Weißdorn wurde von den Germanen zum Verbrennen der Toten benutzt, später pflanzte man ihn auf Gräber.
11. Joseph von Arimathia soll um den Leib Christi gebeten und das Blut aus seiner Seitenwunde im Gral aufgefangen haben, den er dann nach Glastonbury brachte.
12. Vgl. Abbildungen und Belege bei NEUMANN, Erich: Die Große Mutter, Freiburg/Olten 1985, S. 165.
13. Vagina-dentata-Masken finden sich in Afrika, in Peru und bei den nordamerikanischen Indianern. Solche Vorstellungen vom zähnebewaffneten Mutterschoß findet man in unserer Kultur schon im alten Ägypten. Besonders schön wurde dieses Bild dann in der Gorgo mit ihrem gefährlichen Maulschoß dargestellt. Die Vorstellung von der tötenden Vagina finden wir ferner in der Loreley gestaltet, die durch ihre schöne Gestalt und ihren schönen Gesang die Schiffer anlockt, um sie dann im Strudel verschwinden zu lassen.

Kapitel 3.2:

1. BUTAZZI, Grazietta: Lingerie. In: Anziehungskräfte, München 1986, S. 327 bis 330, hier S. 327.
2. Ein sehr schönes Beispiel bietet das Negligé von 1890 aus dem Münchner Stadtmuseum.

3. Der große Modehistoriker Philippe PERROT widmete im 19. Jahrhundert ein ganzes Kapitel seines Buches zur bürgerlichen Mode der weiß-leinenen oder weißen Baumwolleibwäsche der Frau. Er stellte in seinen Reflexionen zur weißen Wäsche die Spannung zwischen Aufstachelung und Unterdrückung der Begierde in den Vordergrund. Vgl. dazu genauer: PERROT, Philippe: Il sopa e il sotto della borghesia, Milano 1981.

Kapitel 4

Die weißen Frauen

1. Göttliche Prinzipien

Das Urbild der weißen Frau symbolisiert die schon im Zusammenhang mit der Fruchtbarkeit genannte indische Göttin Gauri. Sie wird »die Weiße« genannt und stellt im Gegensatz zur schwarzen Kali den freundlichen, gütigen, nährenden Aspekt alles Weiblichen dar.
Im Buddhismus tritt uns diese weiße Frau als *Locana*, »das Auge«, entgegen. Locana ist die rein weiße Partnerin des weißen Sonnen-Buddhas *Vairocana*.
In der buddhistischen Kunst soll die Farbe Weiß den Frieden ausdrücken. Ganz in Weiß ruht die Welt in der Leere.
Weiß bezeichnet im Buddhismus zugleich die Vollkommenheit, was sich nicht nur an der volkstümlichen buddhistischen Göttin *Ushnishavijaya* zeigt. Sie stellt eine dreigesichtige und achtarmige Verkörperung der Tugenden aller Buddhas dar. Sie leuchtet nicht nur selbst rein weiß, auch ihre Aura wird strahlend weiß dargestellt.
Als höchstes weibliches Erlösungs- und Mitleidsprinzip im tibetischen Buddhismus, sozusagen als Kulminationspunkt aller weißen buddhistischen Götter, kann die weiße *Tara* angesehen werden. Sie wird als die Mutter aller Buddhas gedacht, und sie symbolisiert die höchste geistliche Transformation durch das Weibliche, die aus der Finsternis der Gebundenheit herausführt. Sie befreit als Anima das Männliche zur Freiheit.

Im Buddhismus finden wir eine auffällige Häufung weißer weiblicher Gottheiten. Das mag daran liegen, daß die Buddhisten den klaren Bewußtseins- und Geistaspekt sehr betonen. Das weiße Licht ist das reine Licht des Geistes, das sich auf Erden als

Weisheit kundtut. Dieser Geistaspekt wird verstärkt im Weiblichen gesehen, so wie die Griechen in ihrer Göttin Sophia die weibliche Verkörperung der Weisheit sahen. Gleichzeitig wohnt dem Geistaspekt die magische Tendenz zur Wandlung inne. Der Geist ist zaubrisch, er wandelt sich ewig. Das sagen auch die weißen Mondgöttinnen aller Kulturen.
Geist gepaart mit Mitgefühl – also nicht ein kalter, reiner Geist – vermag alles zu durchdringen und die Erlösung von den Leidenschaften zu bringen.[1] Der weiße Zustand der Unschuld kann durch Meditation und einen ruhenden Geist erreicht werden, so lehrt die weiße Tara. Locana und Ushnishavijaya, diese weißen Göttinnen, die über den ruhenden Geist in der Meditation wachen, können die Welt für einen Moment anhalten.
Im gesamten Buddhismus wird der reine klare Geist immer untrennbar mit dem Mitgefühl verbunden. In dieser Vorstellung treffen wir wieder auf das nährende, pflegende und schützende Weiß. Der weiße Geist zeigt sich in seinem mütterlichen und in Vairocana und dem weißen männlichen Mondgott *Amogapasha* in seinem väterlichen Aspekt.
In dem buddhistischen Verständnis der Farbe Weiß ist der Geist noch göttlich, vielfältig und rein und nicht wie der moderne Geist vom synthetischen Instant-Weiß beherrscht. Im Laufe der Geschichte magerte dieser vielfältige Geist der weißen Farbe zu Tapferkeit und Fleiß ab.
Der Volksglaube Albaniens kennt die Schutzgöttin *Ora*. Jeder Mensch besitzt von Geburt an eine solche Ora, die ein weißes Gesicht hat, wenn der Mensch recht fleißig und tapfer lebt. Das erinnert mich an die popularisierten Vorstellungen von der weißen Seele: Wer fleißig, tapfer und rechtschaffen lebt, der behält eine weiße Seele. Im Buddhismus finden wir das gleiche auf hochgeistiger Ebene ausgedrückt.
Alle weißen Göttinnen beschützen wie Maria den Fluß des Lebens, der sich im weißen Samen und der weißen Milch ebenso wie im vielfältig bewegten Geist manifestiert. Alle weißen Göt-

tinnen besitzen zaubrische Kräfte. Das spiegelt sich in den weißen Hexen wider, da die Kenntnis des Flusses des Lebens die Grundvoraussetzung zum wirksamen Zauber darstellt.
Im Volksglauben unserer Kultur sind die weißen Göttinnen noch in den Sibyllen präsent, die auf antike Vorstellungen zurückgehen. Die Sibylle ist ein nicht recht greifbares heidnisches Wesen aus der Volksüberlieferung und den Volksbüchern. Populär gemacht wurde die Sibylle oder »die Weiße« – wie sie oft genannt wurde – durch den Oppenheimer Drucker Johann Köbel, der das Volksbuch »Zwölf Sibyllen-Weissagungen«[2] herausgab und es von Oberösterreich bis nach Norwegen und Finnland hin verbreitete. Im 15. Jahrhundert waren diese Sibyllen den 12 Aposteln entgegengestellt worden (›Sibylle‹ wurde als Synonym für ›Prophetin‹ gebraucht), und noch im 19. Jahrhundert waren einige Kopien dieses Volksbuches im Umlauf.
1956 erschien in Stockholm Pär Lagerkvists vielbeachteter Roman »Sibyllan«[3]. Lagerkvist kombiniert in diesem Text alle möglichen Vorstellungen über die Sibylle, die weiße Seherin, die bei ihm in Liebe zu einem Sterblichen entbrennt. Wegen dieser Liebe wurde sie aus dem Heiligtum des weißen Apolls vertrieben. Der Gott rächt sich an ihr, indem er ihr als Ziegenbock[4] erscheint und sie zwingt, sich hinzugeben. Die weiße Sibylle gebiert nun einen ebenfalls weißen Sohn, der ein hilfloser Idiot ist. Die Sibylle scheint mir eine der besten Verkörperungen der Farbe Weiß darzustellen: Sie ist schwer faßbar, vielschillernd und facettenreich. Bei Pär Lagerkvist drückt die Sibylle wesentliche Eigenschaften der Farbe Weiß aus:

- Die Sibylle lebt als Seherin. Weiß ist die Farbe derjenigen, die die Zukunft voraussehen. Deswegen wird auch Merlin »der Weiße« genannt, deswegen spricht man in den Sagen und Märchen vom weißen Mann. Damit ist ein Elb (oder: Elbe) gemeint. Der Volksüberlieferung nach können die weißen Elben die Zukunft voraussagen. Weiß ist also die Farbe der Zukunft oder zumindest des Blickes in die Zukunft.

- Die Sibylle lebt als Priesterin des weißen Sonnengottes Apoll. Die weiße Sibylle weist auf den Gott der Sonne hin. Weiß wird hier als Farbe des Lichtes und des Geistes gebraucht.
- Die Sibylle verliebt sich in einen Sterblichen. Da treffen wir wieder auf die Farbe Weiß, die sich vermischen möchte, die verführt werden und verführen will. Ferner ist in diesem Roman mit der Schilderung von Schwängerung und Geburt auch Weiß als Farbe der Fruchtbarkeit angesprochen. Der weiße Samen des göttlichen weißen Ziegenbocks wächst in der weißen Sibylle zum weißen Kind heran.
- Apoll erscheint der Sibylle als weißer Ziegenbock (der geile Bock): Weiß wird hier als Farbe des Opfers und der Hingabe gebraucht und zugleich als Farbe der Macht.
- Der Geliebte der Sibylle wird getötet: Weiß tritt zu allem Überfluß auch noch als Farbe des Todes auf.
- Das weiße Kind ist ein Idiot, d. h., es stammt aus einer anderen Welt. Weiß ist die Farbe, die aus der anderen Welt in diese Welt des Sichtbaren hineinragt.

Die Sibylle ist jedoch vor allem eine Art Zwischenwesen. Als Seherin steht sie zwischen Gott und dem Menschen, und ihre Liebe ist gespalten in ihre Liebe zu Gott und ihre Liebe zu den Menschen. Die Sibylle hat wie die Hexen an zwei Welten Anteil. Deswegen fürchten sie die Männer. Auf dieses weiße Wesen kann sehr leicht das furchtbare Weibliche projiziert werden. Dieser Projektion folgend läßt Pär Lagerkvist den Geliebten der Sibylle sterben. Er muß sterben, da er die »weiße Frau« liebt.

2. Maria – die kastrierte Göttin?

Die weiße Göttin des Christentums wird von Maria verkörpert. Sehr schön finden wir Maria als weiße Göttin in Murillos Meisterwerk »Immaculata ›De Soult‹« (Die Unbefleckte Empfängnis, Öl auf Leinwand, 1678, Prado/Madrid) gestaltet. Wie so oft im 17. Jahrhundert erscheint Maria auf diesem Bild als mädchenhafte Gestalt im weißen Gewand, zu ihren Füßen den Mond als Symbol der Keuschheit. Immerhin finden wir noch den Hauch einer dunklen Seite durch das azurblaue Tuch über dem linken Arm der sonst rein weißen Göttin angedeutet. Man beachte besonders den Blick Marias auf diesem Gemälde: Es ist jener verklärte, nach oben gewandte Blick, der Maria als die neue Eva erscheinen läßt. Hier steht das Weib der Johannes-Apokalypse (12,1) vor uns: eine Frau mit der Sonne bekleidet (ganz in Weiß) und den Mond zu ihren Füßen.[1]

Über 200 Jahre vor Murillos »Immaculata« malte Fra Angelico in »Die Verkündigung«[2] eine überaus demütige Maria im weißen Kleid mit einem blauen Mantel darüber. Bei Fra Angelico steht die Demut der weißen Göttin des Christentums im Vordergrund, bei Murillo dagegen waren es die Hingabe und die Reinheit. Während man bei Fra Angelico nichts Verführerisches in die weiße Göttin hineinlegen kann, wagt Murillo es immerhin, sie in göttlicher Verzückung darzustellen.

Maria wird von der weißen Lilie symbolisiert. Liliengleich ist nach christlicher Auffassung der Stand der Jungfrau, der pflanzengleich (ohne das Tierische) zum weißen Himmel emporsprießt. Schon in Persien und später im klassischen Griechenland symbolisierte die Lilie den Gedanken der Lichtgeburt des Menschen.[3]

In Maria tritt uns also die weiße, gute, demütige, fruchtbare Jungfrau entgegen. Ihr Körper ist auf vielen Bildern so wenig körperlich wie das weiße Blütenblatt der Lilie, da sie jenseits der Fleischlichkeit lebt. Obwohl sie geboren hat, ist sie Jungfrau. Maria hat Jesus wie einen Lichtstrahl geboren, nur so war die Unversehrtheit ihrer Jungfernschaft aufrechtzuerhalten. Sie blieb weiß, rein und jungfräulich und kann deswegen in der »Lauretanischen Litanei« als *Mater inviolata* bezeichnet werden. Augustinus argumentiert, daß Maria keine schmerzhafte

Geburt gehabt habe, liege an ihrer Empfängnis ohne Fleischeslust.
Eine solche rein weiße Maria erschien 1876 im Kreis Ottweiler (im Härtelwald) als nicht mehr zu übertreffendes Symbol der Reinheit. Die Mutter Gottes trug bei dieser gut dokumentierten Erscheinung ein weißes Kleid mit einem weißen Schleier, weiße Strümpfe und einen weißen Kranz auf dem Haupt. Ihre Hautfarbe wie auch die des Kindes, das im weißen Kleid auf dem rechten Arm liegt, ist rein weiß. Eine reinere, weißere Maria ist wohl selten gesehen worden.
Nach Ranke-Heinemanns vieldiskutiertem Buch »Eunuchen für das Himmelreich«[4] haben wir hier die rein weiße Maria vor uns stehen, wie sie von den Zölibatären im Vatikan und Priesteramt reingewaschen wurde.[5]
Diese rein weiße Maria stellt eine synthetische Göttin dar, der jede natürliche Körperlichkeit fehlt. Sie ist keine echte Frau aus Fleisch und Blut. Diese Körperlichkeit hat ihr das Christentum in seiner Farbsymbolik mit der Farbe Weiß geraubt: Weiß ist einzig gut, rein, unschuldig, bestenfalls geistig. In dem christlichen Gebrauch der Farbe Weiß, bei dem Weiß nur die Unschuld und nicht die Verführung kennzeichnet, die das Körperliche hervorhebt, ist eine Trennung zwischen Geist und Natur geschaffen. Die Natur und der Körper werden somit »entgeistigt« und als böse verworfen. Der Geist alleine ist gut, seine weibliche Seite drückt Maria aus. Allerdings besteht in der katholischen Kirche das Dogma von der leiblichen Aufnahme Marias in den Himmel. Maria wird also nach katholischer Auffassung mit Körper und Geist in den Himmel aufgenommen. Die unkörperliche, geistige Sicht Marias ist als Nachhall gnostischer Strömungen im Christentum zu sehen.
Wie die weiße Maria eine kastrierte Göttin darstellt, der die körperlichen Seiten ihrer Weiblichkeit fremd sind, so wird auch die Farbe Weiß im christlichen Gebrauch zu einer harmlosen Farbe der Unschuld und Reinheit, die jede magische Tiefe ver-

loren hat. Diesem Weiß fehlen die Abgründe, so verliert es natürlich an Kraft.[6]
Einen Rest des abgründigen Weiß finden wir in der katholischen Kirche vielleicht noch in der rein weißen Hostie. Mit dem Essen der Hostie haben wir in mystischer Weise teil am Leib des Gottessohnes. Diese mystische Teilhabe ist körperlich gemeint und wird deswegen auch von gnostischen Sekten wie den Katharern abgelehnt. Sie legen als Abendmahl die Hände auf.
Den Mythos von der weißen Maria und der Lichtgeburt kann man auch anders sehen: Maria stellt die Anima dar, die vom männlichen Geist (Animus) befruchtet wird, um diesen Geist neu entstehen zu lassen. Das meint die alchemistische *Conjunctio*. Gegen diese Auffassung von Maria als Prinzip oder tiefenpsychologischer Struktur wehrt sich jedoch die katholische Kirche noch heute sehr erbittert. Noch 1987 betonte Papst Johannes Paul II., daß Maria zeitlebens ihre Jungfräulichkeit im Sinne eines unversehrten Hymens behalten habe.

3. Die weiße Anima

Die Anima ist weiß. Lassen Sie mich dazu aus C.G. Jungs Kommentaren zu »Das Geheimnis der Goldenen Blüte« zitieren:

> *»Anima, ›po‹ genannt, mit den Zeichen für ›weiß‹ und dem für ›Dämon‹ geschrieben, also das ›weiße Gespenst‹, die niedere, chthonische Körperseele, dem Yinprinzip zugehörig, daher weiblich.«*[1]

Die Anima, das, was Mann und Frau tief in sich als weiblich erleben[2], wird projiziert. Man sieht sozusagen seine eigene innere weibliche Seite in die konkrete Frau der Außenwelt hinein. Man könnte sagen, daß die Christen kollektiv ihre positive, innere weibliche Seite auf die Darstellungen der weißen Maria projizieren. Die Buddhisten gestalten diese Projektion in der weißen Tara, Kapitän Ahab im weißen Wal (hier finden wir allerdings die negative Anima projiziert).[3]

Die Anima stellt eine Projektion, also ein Bild dar. Wie der männliche Geist seine Anima erlebt, möchte ich an drei Frauenbildern aus drei verschiedenen Epochen zeigen. Die drei in diesen Gemälden dargestellten Frauen sind als Anima-Projektionen weiß gemalt.

Beginnen wir mit dem Renaissance-Bild »Das Urteil des Paris« (frühes 16. Jahrhundert, Kunstmuseum Basel) von Niklaus Manuel, genannt Deutsch.

Abb. 5: Das Urteil des Paris
(Niklaus Manuel Deutsch, um 1484–1530; Basel, Kunstmuseum)

Es wird die beliebte Szene dargestellt, wie Paris Venus den Apfel reicht und sie so zum schönsten aller weiblichen Wesen kürt. Die Göttin Venus ist rein weiß mit vorgewölbtem Bauch, dem Schönheitsideal Dürers entsprechend. Ihre Haut leuchtet weiß wie der sie keineswegs bekleidende durchsichtige Schleier. Paris, ein Mann in seinen besten Jahren, wählt die weiße nackte Frau, weswegen ihn der Maler dieses Bildes töricht nennt.[4]
Paris konnte zwischen drei verschiedenen Anima-Projektionen wählen, er wählte die weiße und die geistigste. Die beiden anderen Göttinnen, Minerva und Juno, sind links im Bild als Menschen mit Fleisch und Blut gemalt. Venus dagegen steht rein weiß wie eine Erscheinung da, und der durchsichtige weiße Umhang verstärkt noch den körperlosen, ätherischen Eindruck. Es scheint, als wolle der Maler sagen, Paris habe ein Geistwesen geschaffen und dieses zur schönsten Frau erwählt. Die weiße wohlgeformte Venus stellt die Projektion des Mannes dar.[5] Weiß als Farbe der Unschuld mischt sich in diesem Bild mit Weiß als Farbe der Verführung. Die weiße Venus verführt den Mann dazu, daß er sie zu seiner Anima erwählt, was dann zum Kampf um Troja und dem Tod vieler Helden führt.

Als nächstes Bild sehe ich eine klassizistische Darstellung der weißen Frau vor mir. Es ist das »Bildnis Frau von Cotta« von Gottlieb Schick[6] (Staatsgalerie Stuttgart).

Abb. 6: Frau von Cotta
(Gottlieb Schick, 1776–1812; Staatsgalerie Stuttgart)

Die weiße Frau dominiert das Bild, wobei das weiße Kleid ihr etwas Idealisiertes gibt. Sie sitzt auf einem roten Tuch, so treffen sich wieder die alchemistischen Farben Weiß und Rot. Die weiblichen Formen werden von dem weißen Kleid völlig verhüllt und nur als Schatten angedeutet. Frau von Cotta ist in diesem Bild als die Anima, als die ideale Frau gestaltet: selbstbewußt, schön und unschuldig rein. Sie sitzt dort wie eine Statue vor einem phantastischen Traumlandschaftshintergrund. Sie ist als Traumfrau, als die Idealfrau des Klassizismus gestaltet, in der sich Unschuld und Intensität in der Farbe Weiß mischen.

Etwa eine Generation später malte Anselm Feuerbach sein Gemälde »Iphigenie II«.[7]

Abb. 7: Iphigenie II
(Anselm Feuerbach, 1829–1880; Staatsgalerie Stuttgart)

Er schuf damit nach eigenen Worten ein Bildnis »der Heiligen des deutschen Humanismus«, die reinste Verkörperung seines Frauenideals. Man merkt dem Bild an, daß Feuerbach von seinem Modell Lucia Brunacci verzaubert war.[8] »Iphigenie II« ist ein romantisches Bild, das die Frau im weißen Gewand darstellt, wie sie in die Ferne über das Meer schaut, »das Land der Griechen mit der Seele suchend« (nach Feuerbachs eigenen Worten). Feuerbach vergaß auch nicht, einen kleinen Schmetterling als Symbol der Seele rechts neben der weißen Iphigenie zu malen.
Die Anima finden wir auf diesem Ölbild als träumerisch sehnende Seele dargestellt. Das Weiß von Iphigenies Gewand zeigt viele Schatten. Der Maler kennt die Abgründe des Weiblichen und die der Weiblichkeit.

Wie in der Kunst die Anima als weiße Frau dargestellt wird, so treffen wir sie im Traum oft als den weißen Vogel oder etwas seltener als weißes Tier. Fast immer ist die Anima mit dem Mond assoziiert, woher ihre weiße Farbe ursprünglich stammt. Die weißen Tiere wie der weiße Vogel, die weiße Schlange oder der weiße Wurm, in den sich eine Frau in einer Geschichte von Bram Stoker verwandelt, sind alle weiße Wesen des Mondes. Die Anima ist – wie schon gesagt – ein Wesen der Reflektion und schon deswegen weiß gestaltet. Aber auch der Animus, der in der Mehrzahl aufzutreten pflegt[9], kommt ganz in Weiß daher, denn er ist ebenfalls ein Wesen der Reflexion der Strukturen der eigenen Seele.
Alle weißen Frauen von Schneewittchen bis zu Frau Saubermann und alle weißen Wesen vom Einhorn bis zum weißen Wal kann man als Anima-Projektionen interpretieren. An ihnen konstelliert sich deutlich das vielfältige Bild des Weiblichen im Männlichen.
Die Zwiespältigkeit des männlichen Geistes zwischen Verführung und Unschuld drückt sich in jenen weißen Wesen aus,

denen wir in Gestalt eines Einhorns, eines weißen Wals und einer weißen Frau begegnen. So erlebt und gestaltet das Männliche seinen innerlichen Kampf um das Weibliche.
Deswegen ist es auch schwierig, als Mann über die Farbe Weiß zu schreiben, da man immer von seiner eigenen inneren Erfahrung mit dem Weiblichen her denkt. Wie gesagt, Weiß ist ein Spiegel.
Da sich der männliche Geist in Mann und Frau derart spiegelt, tritt die Anima als weiße Göttin auch in der Form der Muse auf, die den Mann inspiriert wie Lucia Brunacci und Frau von Cotta. Nur durch die Bewußtmachung des eigenen Weiblichen, der weißen Anima, kann Schöpferkraft entstehen. Die weiße Frau als Anima tritt im Volksglauben, der sich oft sehr differenziert äußert, in zweierlei Gestalt auf:

- als Verführerin und
- als Totengeist.

Im Volksglauben und in der Literatur begegnet uns diese weiße Frau auffallend häufig in ihrer negativen Form. Die Neuzeit wird von der verzauberten Anima geprägt, denn wer kann schon in unserer Gesellschaft ungebrochen seine Weiblichkeit leben?
Zum ersten Typ der weißen Frau, der Verführerin oder Dämonin, gehören Frau Holle und die Natur im Bild des weißen Wals. Gerade in »Moby Dick« finden wir die Naturgewalt der negativen Anima gestaltet. Es ist die Angst und der Schrecken vor dem Weiblichen, der die Männer auf den Walfänger fliehen läßt und sie in die nördlichen Eiswüsten treibt, um sich dort vom weiblichen Weiß tödlich faszinieren zu lassen.
Zum zweiten Typ gehören leichte, luftige Wesen, die von unseren Projektionen geformt werden: die Geister und die Gespenster. Diese Projektionen treten mit Vorliebe auf Schlössern und Burgen auf. Zu bestimmten wichtigen Gelegenheiten, wie vor einer Geburt oder einem Tod, zeigt sich die Weiße Frau als Geist

oder Gespenst der Urahnin, zum Beispiel auf den Schlössern in Ansbach und Bayreuth. Hector Durville gelang es 1913, die auf Schloß Bernstein im Burgenland als Geist umgehende Giovanna Frescobaldi (historische Person aus dem 15. Jahrhundert) zu fotografieren.[10] Die Hohenzollern können gar einen familiengebundenen Spuk (Weiße Frau) in mehreren ihrer Schlösser aufweisen.
Dies zeigt uns, wieviel Projektionsenergie eine Urahnin auf sich ziehen kann, so daß sie sich als weiße Anima mit Hilfe der weißen Geister-Frau manifestiert. Dort, wo eine bestimmte Frau idealisiert wird, dort wird sie immer mehr oder weniger deutlich zum geistigen Wesen, zur weißen Frau: mag sie sich als Maria, als weiße Tara oder als Schloßgeist zeigen. Das sind Gedankenbilder, die Aspekte der Anima zeigen und die Psyche des Mannes spiegeln. Die weiße Anima in ihrer Verwandtschaft zu den Mondgöttinnen spiegelt das Licht des Geistes. Weiß ist die Farbe, an der sich meist unbewußt der männliche Geist (in Mann und Frau) deutlich zeigt.

Weiß hat mit dem Numinosen zu tun, mit dem, was außerhalb der Worte liegt. Deswegen kann man sein Bedeutungsspektrum erst richtig erfassen, wenn man in den non-verbalen Bereich geht. Weiß ist das Zeichen für das Unbekannte, es liegt außerhalb der Worte und der Begrifflichkeit.
(Ihnen würde es sicherlich schwerfallen, Ihre Erfahrungen mit der Meditations- und Malübung 5 im beiliegenden Übungsheft exakt in Worte zu fassen. Sie können vielleicht nach dieser Übung nicht mehr über Weiß sagen als zuvor. Dennoch wissen Sie – im Sinne von »erfahren haben« – jetzt mehr über Weiß.)
Weiß ist der Bereich, der außerhalb der Worte und der Begrifflichkeit liegt, der weiße Fleck auf der Landkarte, den es nicht geben darf, die weiße Anima, die nicht nur unfaßbar, sondern zugleich unbegreiflich ist.

4. Die Hexen

Die männlichen Projektionen zeigen sich besonders deutlich an den Hexen. Man ist fast versucht zu glauben, die männlichen Projektionen würden die Hexen schaffen. Aber ich möchte jetzt nicht die Hexen unter dem Aspekt der Anima betrachten, sondern die Bedeutung der Farbe Weiß im Hexenkult darstellen.

Es wurde angenommen, daß die Hexen bei ihren Zusammenkünften oftmals als weiße Ziegen erschienen, was noch in dem Ausdruck »alte Ziege« (pejorativ für Frau) mitschwingt. Man glaubte zu wissen, daß die Hexen eine weiße Leber oder eine weiße Milz besitzen, und wenn sie gestorben sind, gehen sie in ihren schneeweißen Kleidern im Garten um.

Weiß ist hier wieder einmal die zauberische Farbe, die in die Anderswelt, in die unsichtbare Welt verweist. Die Hexen versuchen sich überall Weißes auszuleihen, da sie damit zaubern können. Nur mit Hilfe von Weiß kann die Verbindung zur Anderswelt aufgenommen werden. Weiß heißt die Brücke zwischen Real- und Zauberwelt. Die Zauberwelt ist das weiße Reich[1] der mächtigen Projektionen. Dieses Reich muß weiß dargestellt werden, denn es fehlt ihm die lebendige Buntheit. Es ist ein Reich, in dem die Phantasie, doch nicht das Leben herrscht. Solche Anderswelten werden immer mit der Farbe Weiß symbolisiert. Weiß signalisiert: Wir haben ein Ideal oder eine Idee, nicht jedoch die Realität vor uns.

Der Zauber der Hexe stammt aus dieser Anderswelt, dem Reich der menschlichen Projektionen. Aus diesem Grund weisen in der Anderswelt alle Tiere und Pflanzen die gleiche weiße Farbe auf. Den gesamten deutschen Volksglauben über Hexerei und die Anderswelt prägt die Vorstellung vom weißen Lebewesen. Immer wieder treffen wir z.B. auf die Ansicht, daß Albinos (weiße Tiere im biologischen Sinne) Zauberkraft besäßen. Bei den Pflanzen ist es besonders der Weißwurz (Convallaria offi-

cinalis)[2], der mit Vorliebe von Hexen und Zauberern als Talisman benutzt wird. Die Hexen müssen auch immer etwas Weißes bei sich haben. Dieses Weiße ist der Teil der Anderswelt, den sie in diese Welt als Schutz mitnehmen. Mit Hilfe eines weißen Gegenstandes[3] können die Hexen wieder in die Anderswelt verschwinden. Findet ein anderer, z.B. ein Jäger, das weiße Taschentuch einer Hexe, so verhilft ihm dieses Weiße zu einem gesegneten Alter von über 100 Jahren.
Ganz im psychologischen Sinn drückt sich hier die Meinung aus, daß es gesund sei, etwas von der Anderswelt zu finden – wie verderblich es ist, davon konnte die Inquisition berichten.
In vielen Gegenden Deutschlands hörte man noch im 19. Jahrhundert sagen: »Mit einem weißen Tuch kann man die kostbarsten Dinge erlangen«. Dies halte ich für den Nachhall eines Hexenspruchs, der sagen will, mit der Verbindung zur Anderswelt kann man alles bekommen. Weiß wird in diesen Vorstellungen wieder zur Farbe der Fülle. Die alten Hexen entpuppen sich als späte Abkömmlinge der Fruchtbarkeitsgöttinnen, und so ist Weiß als Farbe des Zaubers oft zugleich auch die Farbe der Fülle.[4]
Mit der Fülle ist nicht leicht umzugehen, sie kann leicht verzaubern, und dann wird Weiß zur Farbe des Todes und der Starrheit.
Im Hexenwesen werden die Farben Schwarz und Weiß vor allen anderen Farben zur Ver- und Bezauberung verwandt, also genau die beiden Farben, die auf andere Welten verweisen:
Weiß: die Welt des lichten Geistes,
Schwarz: die Welt der Finsternis, des Chaos und der Schöpferkraft[5].

In manchen Traditionen unterscheidet man weiße und schwarze Hexen, wobei die weißen Hexen den hilfreichen weißen Zauber betreiben, die schwarzen Hexen aus egoistischen Gründen anderen Menschen schaden.

Anmerkungen

Kapitel 4.1:

1. Die Erlösung der Frau von den Leidenschaften wird auch in unserem Kulturbereich mit der Farbe Weiß verbunden. So gab es z. B. im 13. Jahrhundert in Köln wie auch in anderen großen deutschen Städten die »weißen Frauen« oder »Schwestern der heiligen Magd Magdalena«. Dieser Magdalenen-Orden nahm sich der Aufgabe an, »gefallene« Mädchen aufzunehmen und diese zum christlichen Lebenswandel zu bekehren. Von den weißen Frauen sollte der Weg der Buße und der Reinheit geöffnet werden. (Vgl. dazu genauer: IRSIGLER, Franz/LASSOTTA, Arnold: Bettler und Gaukler, Dirnen und Henker. Außenseiter in einer mittelalterlichen Stadt, München 1989, S. 180ff.
2. Dieses Volksbuch weist Anklänge an die griechische Pythia-Sage auf. Eine ganz andere Quelle zu den Sibyllen stellt die altjüdische AHASVER-Legende dar.
3. Deutsch: LAGERKVIST, Pär: Die Sibylle, Zürich 1957.
4. Der weiße Ziegenbock ist dem weißen Apoll geweiht.

Kapitel 4.2:

1. Auch der Held in Fernando ARRABALS Roman »Hohe Türme trifft der Blitz« (München 1989, S. 162) hatte eine Marien-Vision, die ihn an dieses Bild erinnerte und ihm hilft, rein zu bleiben.
2. Fra Angelico: Verkündigung (1438–1442), Fresko, Florenz, Kloster San Marco.
3. Die Symbolik der weißen Lilie soll ursprünglich aus der persischen Stadt Susa stammen.
4. RANKE-HEINEMANN, Uta: Eunuchen für das Himmelreich, Hamburg 1988.
5. Ebd., S. 356ff.
6. Je weniger komplex ein Symbol beschaffen ist, um so schwächer wirkt es. Eindimensionale Symbole nutzen sich schnellstens ab.

Kapitel 4.3:

1. JUNG, C.G.: GW 13, S. 47.
2. Ich gehe hier von einer modernen Auffassung von Anima und Animus aus, die sowohl im Mann als auch in der Frau einen Animus bzw. eine Anima postuliert. C.G. Jung ging davon aus, daß der Mann eine Anima, die Frau einen Animus besitze. Die Ansicht, daß Mann und Frau eine Anima und einen Animus besitzen, wurde zuerst von Emma JUNG in »Animus und Anima« angedeutet und dann von Verena KAST vorgeschlagen.
3. Auch beim Papst mit seinem Privileg, als einziger Priester der katholischen Kirche einen weißen seidenen Talar tragen zu dürfen, zeigt sich wieder die Anima: Der Papst als vollkommener Mensch ist unschuldig und rein wie eine Jungfrau. Er hat etwas Mütterliches wie Maria, die reine Mutter. Auf der anderen Seite drückt jedoch das Weiß seines Gewandes seine männliche Autorität aus. Er kann mit dem reinen Geist kommunizieren, dessen Stellvertreter auf Erden er ist. Sollte das Weiß des päpstlichen Talars seine männliche Funktion und seine

weibliche Seite als Mann verdeutlichen? Nach dem Animus-Anima-Konzept würden sich im Väterlichen die männliche und die weibliche Seite des Mannes ideal treffen.

4. Über Paris' Kopf steht in Goldschrift geschrieben PARIS VON TROY DER TORECHT (Paris von Troja, der Törichte).
5. Ironischerweise nahm Deutsch sich für Paris und seine Frau für Helena als Modell.
6. Gottlieb Schick (1776–1812) wurde von Alexander von Humboldt gefördert. Er war ein bekannter Maler seiner Zeit.
7. Es besteht eine erste Fassung dieses Bildes, die der Kunsttheoretiker Dr. Konrad Fiedler kaufte, worauf Feuerbach diese zweite Iphigenie malte. Diese »Iphigenie II« wurde 1872 als erstes Bild Feuerbachs, das in eine öffentliche Sammlung gelangte, vom Stuttgarter Museum (heutige Staatsgalerie) erworben.
8. Lucia Brunacci, die Feuerbach im Alter von 17 Jahren kennenlernte, war seine Geliebte wie auch Nanna, das Modell seiner ersten Iphigenie.
9. Der Animus tendiert deswegen dazu, im Gegensatz zur Anima in der Mehrzahl aufzutreten, da er die kollektive männliche Autorität des Patriarchats projiziert. Die Anima dagegen tritt fast immer im Singular auf, da hierin die männliche Sehnsucht nach einer einzelnen Frau gemeint ist.
10. Das Foto ist im »Lexikon der Parapsychologie«, hrsg. von Werner F. Bonin, Frankfurt/M. 1981, S. 529 abgebildet.

Kapitel 4.4:

1. Die Grenze zu diesem Reich bildet der Weißdorn, auf dem die Hexen in den Hecken zu sitzen pflegten.
2. Diese weiße Heilpflanze soll z. B. den Bauch der Wöchnerin öffnen und sie gebären lassen. Sie stellt also den Schlüssel zu der inneren Welt dar, zu der Welt, in der Leben entsteht. Weißwurz in Amuletten bringt Glück und Wohlstand.
3. Z. B. ein weißes Taschentuch, ein weißes Band oder ein weißes Kästchen.
4. Davon berichten die »drei weißen Almosen« (Mehl, Milch und Eier), die, wenn sie einem Bettler gegeben werden, dem Gebenden jeden Wunsch zeitlebens in Erfüllung gehen lassen.
5. Vgl. dazu ausführlich: VOLLMAR, Klausbernd: Das Geheimnis der Farbe Schwarz, [Fischer Media] Bern 1999.

Kapitel 5

Der weiße Zauber des Männlichen

»Weißbrot gibt schöne weiße Haut und macht stark.«
(dtsch. Volksmund)

1. Die weißen Götter

Es schien bis jetzt, als ob die weiße Farbe hauptsächlich dem Weiblichen verbunden sei. Dies ist aber ganz und gar nicht der Fall. Weiß kann uns als sehr männliche Farbe entgegenleuchten. Ich erinnere nur an die weiße Lichtgottheit Apoll und an Vairocana, den weißen buddhistischen Weltenherrscher.

Ohne Zweifel ist in unserer Kultur Weiß die Farbe der Autoritäten der Gurus, der Ärzte und des Papstes. Seit der Zeit der Sonnenkaiser des späten Römischen Reiches, als der weiße Herrscher in seiner Allmacht Gott vertrat, ja selbst als Gott angesehen wurde, ist Weiß durchgängig eine beliebte Farbe aller mächtigen Institutionen geworden. Die Vertreter staatstragender Institutionen wie die Angehörigen der gottgleichen Priesterkaste in Ägypten trugen Weiß, genauso wie die Oberpriester Jupiters. Fast jede Staatsreligion stellt ihren Gott als den weißen, guten Gott dar. Dem römischen Staatsritual entsprechend trugen die *Candidati* Weiß. Das waren jene Männer, die durch das weiße makellose Gewand zeigten, daß sie sich für ein Staatsamt bewarben. Ganz in Weiß gaben sie ihre Bereitschaft zu erkennen, wie die Braut ihre Unschuld zu verlieren. Die Candidati waren sozusagen die Bräute des Realitätsprinzips.[1]

Das männliche Weiß symbolisiert den klaren Geist. Der christliche Schöpfergott präsentiert sich im weißen Gewand, und der weiße Geist führt die Menschheit des Neuen Zeitalters dem

Guten zu. Diese geistige Macht weist in ihrer männlichen Form immer die Tendenz auf, sich in Institutionen ordnen und perfektionieren zu wollen. Weiß stellt die ideale Farbe zur Machtdemonstration dar: Es fällt auf und vergrößert.

Bei den Taoisten ist es ganz selbstverständlich, daß Weiß sich dem *Yang* und so dem Männlichen zuordnet. Im alten China (Shang-Dynastie) bildete das Zeichen für Weiß ein nur wenig stilisierter Phallus. Nach Siegfried Englert[2] symbolisiert im heutigen China die Farbe Weiß neben Tod und Trauer die Impotenz.

In der europäischen Esoterik hat sich in besonderer Weise die weiße Bruderschaft der Farbe Weiß angenommen. Nach dem »Lexikon des Geheimwissens« von Miers gibt es keine reale Institution, die mit der weißen Loge oder der weißen Bruderschaft bezeichnet wird. Miers rückt die weiße Loge in die Nähe einer geistigen Fiktion oder einer Idee, die ihren Ort in den esoterischen Vorstellungswelten besitzt. Bei der weißen Loge scheint es sich ursprünglich um eine unsichtbare, geistige Vereinigung weniger Eingeweihter zu handeln, die zum Wohle der Menschheit arbeitet. Beide Rosenkreuzer-Vereinigungen behaupten, mit dieser Loge in Verbindung zu stehen. Heute bestehen mehrere Institutionen, die von sich behaupten, die wahre weiße Bruderschaft zu sein.

Die Vorstellung von der weißen Bruderschaft kann sicher auch als eine Animus-Projektion theosophischer Damen angesehen werden. Alle guten männlichen Eigenschaften werden auf die wenigen Meister, die dieser Loge angehören sollen (nur Männer), projiziert. Sie sind weise und mächtig, da sie mit dem planetarischen Logos verkehren und den großen Plan der Welt kennen. Sie sind nach Alice A. Bailey gute oder »hohe« Inkarnationen, die dem Menschen von der geistigen Ebene her helfen. Diese Meister der weißen Loge agieren nach theosophischer Vorstellung als eine Art von Weltenlehrer. Jeder Meister hat sein bestimmtes Ressort, für das er Spezialist ist.

Die Farbbezeichnung Weiß läßt hier abermals ein Ideal vermuten, eine Idee, auf die unsere Wunschwelt projiziert wird.
In der weißen Bruderschaft steht das Bild des weißen Animus vor uns, der immer als Kollektiv auftritt, denn er ist das Teilende, Unterscheidende und Analytische. Dieser weiße Animus ist die Verkörperung des guten Mannes, des weisen Vaters und Lehrers, das männliche Gegenstück zur Großen Mutter.
Typisch an der Verkörperung des Männlichen ist die Betonung der Hierarchie. Die spirituellen Meister, die die Herrschaft über die innere Welt besitzen, stehen nämlich in einer ganz bestimmten hierarchischen Ordnung, die einem Großkonzern Ehre machen würde. Das männliche Weiß stellt das klare Licht der Unterscheidung dar, wie es die Tibeter in Vairocana verehren und wie es die Lichtherrscher in unserer Kultur darstellen wollten.
Mich erinnert diese Vorstellung von der weißen Bruderschaft an das Heer der weißen Engel, die als Geistwesen den Heiligen nebengeordnet sind. An der Spitze dieser Hierarchie steht der weiße Gott. Das sind die Projektionsstrukturen für den guten Animus, der natürlich auch ein abgrundtief schlechtes Gegenstück besitzt, nämlich den als Schatten abgespaltenen Teufel.
In der Idee der weißen Bruderschaft kommen solche Abgründe des Weißen nicht vor: Die weißen Meister der Menschheit sind wie der weiße Gott mit seinen Engelscharen nur gut. Die Abgründe der weißen Götter sind in der Männerwelt von »Moby Dick« und in der Kampf- und Mordlust in »White Fang« gestaltet. In der Vorstellung von der weißen Loge wird das männliche Weiß einzig als wärmende Sonne oder lichter Geist dargestellt, es ist aber genauso das vielzitierte Weiß im Auge des Gegners, das mörderische Weiß der Schnee- und Eiswüsten, die Weißglut wie der weiße Haß.
Die weißen Götter sind kampferprobt und stark. Da wäre Wotan zu nennen, der immerhin wie auch Vishnu am Ende der Zeit ein weißes Pferd reitet und den weißen Blitz als Zeichen seines Zornes schleudert. Im indischen Buddhismus finden wir

das männliche Weiß in Aparajita gestaltet, dem unbesiegbaren Gott.
Weiß wird auch heute noch als Farbe der männlichen Autorität gebraucht, die sich durchsetzen kann. So setzt sich auch ein reines Weiß in einem Bild gegenüber allen anderen Farben durch. Weiß weitet sich aus, es läßt einen größer wirken. In der hoffnungsvollen Sprache des Light Age sagt man dann: Das Licht und sein farbiger Stellvertreter Weiß setzen sich durch, sie werden die schwarze Finsternis, in der wir mit all den Giften leben, besiegen. Hier spricht das hoffnungsvolle, kämpferisch-männliche Weiß, das schon die Kreuzfahrer beschworen.
Das Licht der weißen Götter muß immer in die Finsternis (des Unbewußten) eindringen. Dies macht die phallische Qualität der weißen Farbe aus, es ist ihr Penetrationsdrang, der sich noch heute am schönsten und deutlichsten in der Anbetung des weißen Phallus in Amarnath in Kaschmir zeigt.
Zum Vollmond im August pilgern noch heute etwa 20 000 Pilger jährlich zu einer Höhle im indischen Himalaya. Die Legende will, daß Shiva in dieser Höhle Parvati (weibliches Gegen-

Abb. 8: Der weiße Phallus von Amarnath

stück zu dem Schöpfergott Shiva, Shivas Gattin) das Geheimnis der Schöpfung offenbart habe. Davon zeuge noch heute ein über 3 Meter hoher und etwa 2 Meter breiter Eis-Stalagmit, der Lingam Shivas, der einem Penis verblüffend ähnelt.

In Indien wird im Weiß die männliche Schöpferkraft verehrt, die sich des weißen Penis als Symbol bedient. Das weibliche Gegenstück dazu bilden u.a. die weißen Kühe. Der männliche Penis muß auf Grund der Analogiemagie weiß sein, da er den weißen Samen leitet. Im Hinduismus wird der weiße, zeugende Gott verehrt, ein Gott, der so wenig von unserer Welt weggerückt ist, daß er noch ein Zeugungsglied besitzt, das hoch verehrt wird.
In dem in der bildenden Kunst so oft variierten Motiv von Leda mit dem Schwan (Michelangelo, Leonardo da Vinci, Correggio u. a.) wird auch in unserem Kulturbereich der weiße Penis verehrt. Bert Brecht äußerte sich dazu in seinen »Flüchtlingsgespräche«:

> *»Und dann nehmen Sie Leda mit dem Schwan, ein delikat gemaltes Stück Sodomie, an sich keine gesellschaftsfähige Gewohnheit, aber plötzlich ist dem Ganzen der Stempel der Kunst aufgedrückt, und Sie können's zur Not Ihren Kleinen zeigen.«*

Im alten Mythos wohnt Zeus der Leda in Gestalt eines Schwanes bei. Es ist das Schwanenweiß und die penisartige Form von Hals und Kopf, die hier die Assoziation vom weißen Penis wachrufen. Dazu kommt noch, daß der Schwan als einziger Vogel einen Penis besitzt, der nur etwas kürzer als der menschliche ist. Das alles mag den Künstler Mathias Vorbek[3] dazu angeregt haben, ein Aquarell von einem weißen Schwan zu malen, dessen Hals in einem Penis endet.
Im Gegensatz dazu vereinigen sich die Mitglieder der weißen Bruderschaft auf der geistigen Ebene, ohne körperlich anwesend zu sein. Das weiße Göttliche ist in ätherisch-geistige Ebenen aus dem alltäglichen Leben weggerückt.

In Ostafrika wird ebenfalls die männliche Zeugungskraft mit der Farbe Weiß gefeiert: Bei den Mannbarkeitsriten der Wambugu malen sich die Jünglinge am ganzen Körper weiß an.[4]
Die Farbe Weiß zeigt also in ihrem männlichen Aspekt:

- die männliche Zeugungs- und Schöpferkraft,
- den Geist und
- die Autorität und Klarheit, den Ausweitungsdrang, die Weisheit und das Alter, den Zorn und die Milde.

So ergänzt sie die verführerische, unschuldige, mütterliche und nährende Seite des Weiß. Wie beim Yin-Yang-Zeichen sind jedoch immer beide Seiten zugleich vorhanden. Das männliche und das weibliche Weiß stellen nur zwei Seiten des einen Archetypen, der sich in Weiß manifestiert, dar.
Das männliche wie das weibliche Weiß sind Zauberfarben, denn man zaubert mit dem Geist und den mächtigen Projektionen. In den klassischen Geschichten tragen Zauberer wie Merlin einen weißen Mantel oder Umhang. Auch die Brüder der weißen Loge zaubern, denn die Gedankenübertragung gehört zu einem der ältesten Zauber, und mit Gedankenübertragung teilen sich die Meister der weißen Loge mit.
Das männliche Weiß besitzt so die gleiche Verführungs- und Bindekraft wie das weibliche Weiß. Davon zeugen Ausdrücke wie *White Horses* für Heroin und *die weiße Linie* beim Kokain. Die weißen Götter können verführen, binden und zerstören, wie der weiße Wal Kapitän Ahab verführt, gebunden und zerstört hat. Der Farbe Weiß scheint in allen ihren Aspekten die Kraft der Verführung innezuwohnen.

2. Weiß als Todesfarbe

»Während das Fleisch obszön verfliegt, gehört zum Wesen des Knochens das Versprechen ewiger Dauer. Mit zynischer Selbstgenügsamkeit tragen die Knochen die Absage der Metaphysik an das Zeitliche vor, grinsend verheißen sie ein Jenseits von Fleisch und Vergänglichkeit.«

(Peter Sloterdijk, Eurotaoismus)[1]

»Weiß ist die Klippe, die felsige Kante der Welt.«

(Llywarch-Hen, walisischer Dichter)

Schwarz und Weiß sind Farben des neuen Lebens und des Todes. Zwischen Schwarz und Weiß spielt sich das Leben ab, und beide Farben symbolisieren zugleich das Ende des Lebens.

Weiß bezeichnet aus Gründen der Analogiemagie die Farbe des Todes, da von den Toten nur die gebleichten Knochen sichtbar übrigbleiben. Die weißen Knochen werden zum Gleichnis für die letzten Prinzipien, sie versprechen ewige Dauer und werden zum Symbol des Todes, wie sie auch über den Tod hinausweisen. Sie sind die Struktur, die bleibt. Das Fleisch verwest, der Knochen wird immer weißer.

Die Toten wurden in frühesten Zeiten der menschlichen Geschichte weiß angemalt, um sie vor den bösen Dämonen zu schützen. Weiß tritt hier wie in den folgenden Beispielen als Farbe des Abwehrzaubers auf. Später wurden dann die Leichen in weiße Tücher gewickelt.

Weiß ist die Leere, die weiße Stelle, das Nichts. So verstanden ist Weiß dem Tode verwandt und besitzt dazu noch eine Beziehung zur unsichtbaren Welt. Weiß bietet sich als ideale Farbe an, den Tod zu symbolisieren, zumal sein Lichtcharakter auf die Auferstehung hoffen läßt. So ist es nicht verwunderlich, daß Weiß – genauso wie Schwarz – eine typische Trauerfarbe in vielen Kulturen darstellt.[2]

Im Bergischen Land ist der Totenkult seit jeher von der Farbe Weiß geprägt gewesen wie auch in Norddeutschland bis ins 16. Jahrhundert hinein.

Aber nicht nur das Totenkleid zeigt uns Weiß als Farbe des Todes, sondern ebenso all die vielen kleinen und großen Orakel, die der Volksglauben pflegt und die uns tiefe Einsichten in die Symbolstrukturen geben.

So sagt uns ein solches Orakel durch ein weißes Blatt an einer Pflanze im Garten oder gar durch weiße Nesseln am Zaun (Grenze!), daß bald einer aus der Familie sterben wird. Das Orakel kann sich weiterhin durch weiße Flecken auf den Fingernägeln kundtun, die schon in vorchristlicher Zeit als Todeszeichen studiert wurden und die man in nordischen Ländern als »Nornenspuren«, im Waldeck als »Totenblumen« zu bezeichnen pflegte. Die Anzahl der weißen Flecken soll die Zahl der noch beschiedenen Jahre anzeigen.

Gemäß der volkskundlichen Literatur scheinen alle weißen Tiere die Bedeutung von Todesboten besitzen zu können.[3] Im Traum soll der normativen Traumdeutung nach jeder weiße Gegenstand einen baldigen Tod ankündigen.

So glaubt z.B. der Schweizer Psychoanalytiker Ernst Aeppli, daß ein weißes Pferd bzw. der Schimmelreiter im Traum auf den Tod verweise.[4]

Was mich besonders erstaunt, ist die Bedeutung des weißen Pferdes als Todesbote[5] selbst im Gespann vor der Hochzeitskutsche. Mehrere Belege sprechen in einem solchen (früher sehr häufigen) Fall eindeutig von einem Todesvorzeichen.

Wahrscheinlich sehen wir an der widersprüchlichen Deutung der Schimmel vor der Hochzeitskutsche noch zwei verschiedene Ebenen der Farbe Weiß. Die christliche Ebene, die Weiß als Farbe der Unschuld betont, trifft hier auf die historisch ältere Ebene, die Weiß als Todesfarbe betrachtet. Für die Christen stellt Schwarz die Todesfarbe dar, für die Germanen Weiß. Die germanische Göttin *Hel* bzw. *Freyja* tritt makellos weiß als Göt-

tin des Todes auf, wie auch die ihr aufs engste verwandte skandinavische *Frigga*.[6]
Solche drastischen inhaltlichen Veränderungen in der Symbolbedeutung von Weiß finden wir öfters, wenn der Schimmel ins Spiel kommt. Bei den Christen, die alles Weiße lieben, bedeutet er allgemein Glück, in vielen anderen Kulturen bedeutet er Unglück. Den Germanen waren die weißen Pferde heilig, sie waren ihrem Totenkult verbunden. Die Christen suchten die Erinnerung an die von ihnen getöteten weißen Pferde der Germanen zu unterdrücken, was durch die Christianisierung der germanischen Schimmelsymbolik geschah. In Norddeutschland und Nordeuropa lebt jedoch die alte germanische Bedeutungswelt der Farbe Weiß fort.

Daß Weiß dem Tod verbunden ist, hängt selbstredend mit dem Winter zusammen: Der weiße Schnee, der die Adjektivbildung »schneeweiß« inspirierte, deckt ein Leinentuch über die ruhende, tote Erde. Die Natur wartet abgestorben auf ihre Wiedergeburt, wenn der weiße Schnee gefallen ist. Da Weiß den Tod ansagen kann, vermag es selbst den Winter als Tod der Natur vorherzusagen.
Diese mit Weiß verbundenen, auf Schnee und Winter bezogenen Wetterregeln kennen fast alle europäischen Völker. Wenn der Schlehdorn reich blüht, wenn weiße Wolken sich am Jakobstag (25. Juli) bilden, wenn man weiße Vögel im November sieht und wenn man ein weißes Wiesel sieht, dann gibt es einen harten, schneereichen Winter. Die Natur wird dann lange in dem totenähnlichen Zustand ruhen.
Als Todesfarbe ist Weiß nicht rein männlich, es stellt nicht die platte Projektion des negativen Animus dar. Der Tod als der Winter deckt wie die Mutter die Natur mit dem weißen Tuch zu. Der Tod/Winter beschützt die Natur – ja eigentlich ist der Winter mit dem weißen Schnee gerade das, was die Natur überleben läßt. Unter der schützenden Schneedecke lauert kein Tod,

nur über ihr. So steht der weiße Winter in seiner mütterlich schützenden Art auch dem Tod entgegen.
Die Totenwelt, die Welt des Winters, stellte man sich seit jeher weiß vor. Alle Abgeordneten dieser weißen Welt wie die weißen Totengeister und die Wiedergänger finden wir als weiß beschrieben (selbst in Schwarz-Afrika), und wer kennt nicht den weißen Spuk aus den Schauergeschichten, der dort am reinsten auftritt, wo eine Kinderleiche vergraben wurde.
Die weißen Totengeister bilden das Paradox der weißen Schatten. Letztendlich stellt der weiße Schatten den verkehrten Schatten dar, da doch das Dunkel dem Schatten wesenhaft ist. Die Totenwelt kann als die verkehrte Welt angesehen werden, in der die real-weltlichen Bezüge nicht nur außer Kraft gesetzt sind, sondern auch teilweise verkehrt werden.
Man stellte sich im Harz vor, daß die Cholera als weißer Geist dem Totenreich entsteigen würde, um den Tod über das Land zu bringen.
Die weiße Totenwelt ist die Anderswelt, die Welt der weißhäutigen Götter, wie die Azteken sie sahen. Diese weißhäutigen Götter kamen dann planmäßig nach den astrologischen Voraussagen »in gewaltigen Schiffen unter weißen Segeln wie große weiße Vögel« an. Diese weißen Götter, die in Mexiko vor Anker gingen, waren Cortez und seine Männer, die wie die Todesgötter mordend, vergewaltigend und raubend durchs Land zogen.
Weiß ist die Farbe des Todes: Nach dem Totenbuch der Tibeter und dem Tantriker Chögyam Trungpa[7] sehen wir im Augenblick, da wir sterben, Weiß.
Bei der Herstellung einer leuchtenden Farbe Weiß starb im Mittelalter so mancher Malerlehrling an Bleivergiftung. Das erste glänzende Weiß, jenes so gefährlich herzustellende Bleiweiß, war das aggressive Weiß, das die Schneeblindheit erzeugt und die absolute Leere und den Tod symbolisiert. Gleichzeitig besitzt dieses Weiß des Winters einen schützenden, bewahrenden weib-

lichen Aspekt. Weiß kann nicht nur die Farbe des Lebens oder des Todes sein, es bezeichnet Tod und Leben immer zugleich. In der Nachdichtung des *Mabinogi*[8] wird unter anderem die Initiation eines Mannes in die Welt der Frauen geschildert. Gleich zu Beginn dieses Werkes werden wir mit den Farben Weiß und Rot als Todesfarben konfrontiert. Hier werden Weiß und Rot nicht als Symbole der Hochzeit wie bei den Alchemisten, sondern als die des Todes und der Anderswelt gesehen. Pwyll, der Fürst von Dyved, zieht aus, um zu jagen, doch in Wirklichkeit zieht er aus, um von den weißen Hunden der Anderswelt gejagt zu werden. Das sind Hunde, die an den wilden *White Fang* erinnern, wie er von Jack London beschrieben wird. Beim ersten Zusammentreffen mit den weißen Bestien wird das Grausame und Unfaßbare dieser Situation mit Hilfe der Farberlebnisse des Helden verdeutlicht:

»Vor seinen schwimmenden Augen blitzte Weiß, Weiß, das flammte wie Feuer und leuchtete wie Schnee. Viele Körper prallten gegen ihn; schneller als der Wind, kälter als der Schnee, warfen sie ihn um und sprangen über ihn hinweg, hetzten hinter dem Hirsch her. In der Mitte der Lichtung faßten sie ihn, und sie rissen ihn nieder. (...)«

Die Augen und Ohren und die bluttriefenden Zähne dieser fremden Hunde leuchteten rot, rot wie Feuer, doch ihre weißen Körper glitzerten noch wilder, mit einer unnatürlichen, todesfahlen, gleißenden Blässe. Weiß erschreckt; es ist Sichtlosigkeit, es blendet den Menschen und verbirgt seine Feinde. Im Schnee oder in weißglühender Flamme kann nichts wachsen. Weiß bedeutet Vernichtung, jenes Ende, aus dem kein Anfang kommen kann.[9]

Über den Gegensatz von Schwarz und Weiß lohnt es sich zu meditieren: Schwarz wird als der lebensspendende Schoß der Mutter angesehen und Weiß als die Farbe lebensfeindlicher Extreme, unter denen keinerlei Leben mehr möglich ist. Der Farbdreiklang Schwarz-Weiß-Rot drückt die Urkräfte des Lebens aus, die hier unter dem Aspekt des Todes gesehen werden.

3. Weiß färbt ab

Der Volksglaube meint, daß derjenige, der etwas Weißes im Traum sieht oder es gar berührt, bald sterben muß. Seine Knochen werden bald weiß daliegen, sagt man. Wer etwas Weißes in bestimmten Situationen berührt oder sieht, der wird bald sterben, dies galt als weitverbreitete Meinung noch im 19. Jahrhundert, und zwar besonders in ländlichen Gegenden. Man muß sich einmal klarmachen, mit welcher Angst die Farbe Weiß besetzt war.

Dem Volksglauben entsprechend scheint Weiß eine große Neigung zum Abfärben zu besitzen und eine Macht auszuüben, etwas anderes auch weiß werden zu lassen. Weiß vermischt sich zwar schnell mit anderen Farben, es weist aber zumindest im ideellen und ethischen Bereich die Tendenz auf abzufärben. So gibt man den Kindern weiße Wolle ins erste Bad mit, auf daß sie blond werden; der weiße Rettich wie die weiße Milch färben die gerötete Haut wieder weiß. In weißer Eselsmilch gebadet, werden die Brüste üppig und schneeweiß, wie man noch bis ins 19. Jahrhundert hinein glaubte.

In alchemistischen Vorstellungen kann das weiße Feuer und besonders die weiße Flüssigkeit die Materie *weißen*, was soviel wie *reinigen* heißt. Im Englischen lebt diese alchemistische Vorstellung noch im »White Spirit« (dem Terpentinersatz) fort, mit dem die Pinsel gereinigt werden. Auf der geistigen Ebene reinigt uns das weiße Licht, weswegen man mit Vorliebe auf dieses weiße Licht meditiert. Hier stehen wir wieder vor der männlichen Kraft der Farbe Weiß: Sie breitet sich aus, erscheint größer, als sie in Wirklichkeit ist und überstrahlt ihre Umgebung, sie zeigt ihre imperialistischen Züge.

Weiß scheint eine magische Macht zur Bekehrung zu besitzen. Das sieht man an den weißen Gurus, die seit einiger Zeit dem Westen spirituelle Entwicklungshilfe leisten, und noch viel plumper an der Politik, die im Weißen Haus gemacht wird. Das Christentum, das Weiß so liebt, missioniert noch heute, wenn ihm auch in Europa die Schäfchen weglaufen. Weiß ist die Macht, etwas zuerst gut erscheinen zu lassen, um es dann durchsetzen zu können. Das zeigten die römischen Lichtkaiser wie auch Ludwig XIV., und heute kennen wir die vielzitierten Männer mit der ewig weißen Weste, Brechts Weißwäscher.

Unter der Farbe Weiß möchte man gerne Andersdenkende zum Guten bekehren. Man möchte abfärben, etwas von seiner Weißheit auf den anderen übergehen lassen. Weiß wird uns immer wieder als das Wahre, Gute und Schöne angepriesen – vielleicht weil man die falsche, böse und häßliche Seite des Weiß lieber verdrängen möchte. Es ist eine bestechend simple Lebensauffassung, die da sagt: Wenn ich mich in die Nähe des Weißen begebe, wenn ich es gar berühre, werde ich selber rein, weiß und gut. Man erzählt sich auch, daß man in der Umgebung einer weißen Person (einer hochgeistigen, reinen Person) selbst weiß im Sinne von rein und vergeistigt werde. Das so beliebte weiße Licht, auf das man seine Erleuchtungshoffnungen projiziert, besitzt leider auch seine Abgründe, es verbrennt und blendet. Sicherlich stimmt es, daß ein reines Weiß abfärbt. Ein weiser reiner Lehrer oder Guru erzieht schon alleine durch sein Beispiel die Menschen seiner Umgebung dazu, ebenfalls rein und weise zu leben. Zumindest müssen wir uns in einer solchen Umgebung immer wieder mit unserer Reinheit und Weisheit auseinandersetzen, die wir auf diese Weisen projizieren. So werden auch wir reiner und weiser, das Weiß des Lehrers hat auf uns abgefärbt. Dieser Prozeß des Abfärbens des Weißen ist jedoch immer mit einem Abstieg in das Dunkel des Unbewußten verbunden. Weiß reflektiert uns alles so klar, daß wir auf unser eigenes Unbewußtes gestoßen werden. Dort sollte das Weiß zuerst abfärben: Das weiße Licht des Bewußtseins soll die Finsternis ordnend erhellen. Wenn wir das Weiße berühren, dann werden wir immer zuerst mit Tod, Angst und Verführung konfrontiert, bevor es auf uns abfärben kann. Wir werden einzig dann rein und weiß, wenn wir in das Dunkel unserer Abgründe zu schauen vermögen, die auch die Abgründe der Farbe Weiß darstellen. Unser Bewußtsein muß immer zuerst das Unbewußte ordnen, ehe wir weiß werden können.

Daß Weiß abfärbt, setzt voraus, daß wir uns mit dem Schwarzen auseinandergesetzt haben. Die nur weiße Welt ist die gedachte oder phantasierte Welt der Ideen und Träume. Das weiße Land ist das blutleere Land des Todes. Das Weiße verlangt nach dem Schwarzen, denn erst das Schwarze erdet das Weiße.

Die Alchemisten wußten um dieses Geheimnis der Farbe Weiß. In ihrer *Albedo*, der Weißung, wurde der Stoff völlig rein, ganz weiß. Aber dieser Stoff war tot, er war beileibe nicht das Endprodukt des Großen Werkes. Nach der Weißung mußte nämlich wieder eine Belebung durch die Rötung erfolgen. Das Weiße, der reine Stoff, ist hier die Abstraktion, die Intuition und Phantasie, die den Stoff verwandelt. Im Weißen ist man aber auch vom Pfad des Lebens abgewichen, und wenn man sich im alltäglichen Leben diesem Weißen hingibt, dann wird das als Erstarrung auf einen abfärben. Rot und Weiß müssen sich vermählen. Das Leben und die geistigen Fähigkeiten machen erst gemeinsam das Große Werk aus. Weiß ist die Abstraktion, die jedes Objekt, dem sie sich zuwendet, tötet. Weiß macht alles andere weiß; genau dies soll in dem so verbreiteten Volksglauben von Dingen und Flüssigkeiten mit weißfärbender Wirkung gelehrt werden. Er gemahnt daran, daß die reine Abstraktion, die Idee oder der reine Geist nicht das volle Leben ausmachen. Weiß verführt freilich dazu, selbst weiß werden zu wollen, sich abzutöten und zu erstarren. Das ist das für unsere heutige Gesellschaft typische Ausleben des Animus für Mann und Frau.

Auch das milde Weiß des Mitgefühls, wie es die Buddhisten überzeugend verehren, färbt ab. Indem der weiße Buddha Vairocana Mitgefühl mit allen lebenden Wesen verspürt, verhilft er ihnen ebenfalls dazu, selbst mehr Mitgefühl zu zeigen und reiner zu

werden. Daß man auf dem Weg dem Weiß entgegen nicht den zornigen Göttern und Dämonen ausweichen kann, ist dem Buddhismus selbstverständlich.
Sehr verbreitet war in Deutschland die Sitte, zu besonderen Festen wie Weihnachten den vorsprechenden Bettlern drei weiße Gaben zu geben: ein Ei, etwas Milch und eine Scheibe Weißbrot. Man gibt etwas Weißes, man zeigt Mitgefühl und hofft den Bettler wieder auf den rechten Weg zu bringen. Das ist die Hoffnung der Weißwäscher: Reinheit schafft Reinheit. Wenn es so einfach wäre ... – aber dem Bettler wird es sicherlich nicht schaden.

Anmerkungen

Kapitel 5.1:

1. Vgl. dazu auch SLOTERDIJK, Peter: Eurotaoismus, Frankfurt/Main 1989, S. 214.
2. ENGLERT, Siegfried: Der Weiber Art ist es, daß Anpassung für sie das Rechte ist. Traditionelle Sexualität. In: Das neue China, 16. Jahrg., H. 2, Frankfurt 1989, S. 10–14, hier S. 11.
3. VORBEK, Mathias: Aquarell. In: Körner, Wolfram (Hrsg.): Die Schöne und der Schwan. 66 Leda-Bilder aus der Sammlung Wolfram Körner, Hanau 1987, S. 74.
4. Hier spielt jedoch bei genauerer Betrachtung dieses Rituals die Farbe Weiß als Farbe der männlichen Schöpferkraft und auch als Farbe des Todes – die Kindheit ist gestorben – eine Rolle.

Kapitel 5.2:

1. SLOTERDIJK, P.: Eurotaoismus, a. a. O., S. 195.
2. Weiß gilt als offizielle Trauerfarbe in: Borneo, China, bei vielen nordamerikanischen Indianer-Stämmen, auf Java, in Vorderindien und bis ins 16. Jahrhundert in ganz Norddeutschland. Nach COOPER, J.C.: Illustriertes Lexikon der traditionellen Symbole, Berlin (DDR) 1988, stellt Weiß traditionell im Okzident die Farbe des Kummers dar. Das mag stimmen, wenn Kummer im Sinne von Trauer gemeint ist.
3. Besonders seien hier jedoch weiße Mäuse, Hunde, Katzen und Spinnen genannt.
4. AEPPLI, Ernst: Der Traum und seine Deutung, München 1987, S. 363.
5. Vgl. hierzu: ESOVA, Milena Lui/KUDLACEK, Jan: Mischa und das weiße Pferd, Hanau 1980. Es handelt sich hierbei um eine Gute-Nacht-Geschichte für Kinder über den Schnee, der sich in ein weißes Pferd verwandelt hat. Wenn Mischa als Mensch den Tieren nicht helfen würde, müßten sie im Schnee, den das weiße Pferd bringt, alle sterben. Interessant ist bei diesem symbolischen Gebrauch des weißen Pferdes, daß das weiße Pferd als Todessymbol nicht auf den Menschen bezogen wird.
6. Auch bei den Azteken symbolisiert Weiß als sterbende Sonne den Tod.
7. Vgl. dazu TRUNGPA, Chögyam: Feuer trinken, Erde atmen, Reinbek 1989, S. 46.
8. WALTON, Evangeline: Die vier Zweige des Mabinogi: Der Fürst von Annwn, Stuttgart 1984.
9. Ebd., S. 17.

Kapitel 6

Weiß als Lichtfarbe – der geistige Aspekt

»Das Weiß hingegen strahlt reine Lebenskraft aus. Aus ihm gehen alle Farben hervor – es ist ihnen Vater und Mutter zugleich.«[1]

»Wer nach einem Glase Milch verlangt, der möchte Weisheit.«
(Sufi-Weisheit)

1. Die weißen Lichtgottheiten

Bei den alten Ägyptern wurde Weiß als der Herold der Sonne angesehen. Sie verehrten dieses Weiß in dem heiligen Stier *Buchis* in der ägyptischen Stadt Hermontis bei Theben. Dieser rein weiße Stier ist der Botschafter und Repräsentant des Sonnengottes *Ra* (oder *Re*).

Wenn auch der Körper von *Buchis* rein weiß leuchtete, so soll sein Kopf der Überlieferung nach tiefschwarz gewesen sein: Hier trifft das Weiße noch das Schwarze. Diese Verbindung von Schwarz und Weiß stellt eine archetypische Konstellation dar, die uns in vielen Träumen begegnet.

Mit einem weißen Opferstier soll der fürchterliche, Jungfrauen verschlingende *Minotauros* gezeugt worden sein, als die Gemahlin des Königs Minos mit einem heiligen weißen Stier Unzucht trieb. Verführte das reine Weiß (des Opferstieres) die Königin zum Tierischen?

Mit einer Lichtgottheit sollte man besser keine Unzucht treiben, denn das geht über das Maß des Menschen hinaus – das endet im Größenwahn, in der Verblendung. Es kommt eine Mißgeburt, wie der Minotauros, dabei heraus. Aber ohne diesen

Fehltritt hätte Theseus kein Sonnenheld werden können, und Ariadne[2] hätte nicht das wahrlich Männliche in Dionysos getroffen.[3]
Das volle, sonnendurchglühte Leben wird in der griechischen Mythologie vom *Apoll* dargestellt. Als Gott des Lichtes ist er selbstredend ein ausgesucht schöner Held, der mit seinen Sonnenpfeilen nicht nur Tod und Schmerz bringt, sondern auch heilen kann. In Form des hyperboreischen Apolls besitzt Apoll etwas Ätherisches, wenn er jeden Herbst von seinem Geburtsort Delos auf einem von weißen Schwänen gezogenen Wagen ins Reich des Nordwindes gebracht wird. Die Sonne verschwindet, und Apoll bringt aus dem Reich des Nordwindes den weißen Schnee. Und selbst in diesem weißen und kalten Schnee ist noch das warme Licht repräsentiert, denn dieses Reich des Nordwindes, das dem Gott *Boreas* untersteht, ist ganz anders als die ungemütlich kalte Eiswüste, die Ingenieur Andree wie Amundsen unwiderstehlich anzog. Es ist das Reich des sagenhaften Volkes der Hyperboreer, dem man nachsagte, es lebe in ewiger Glückseligkeit.[4] Es mag auch das Totenreich, als Reich jenseits des Leidens, damit gemeint sein.
Wer sich zu sehr mit dem Weißen beschäftigt und identifiziert, der wird geblendet, zu dem kommt die *Giltine*, eine litauische Todesgöttin, deren Name soviel wie »stechen«, »blenden« und »weh tun« bedeutet. Diese blendende Lichtgottheit erwürgt ihren Auserwählten ganz in Weiß. Manchmal drückt sie auch Menschen zu Tode, indem sie sich im blütenweißen Kleid auf sie setzt. Dies ist die Gefahr, wenn man mit dem Weiß überidentifiziert ist, wenn man meint, eine große Reinheit und Heiligkeit, womöglich Lichtcharakter bekommen zu haben. (Wenn wir uns direkt wahrnehmen, dann weisen wir alle Lichtcharakter auf, aber es scheint klüger, sich im alltäglichen Leben nicht mit dieser Ebene zu identifizieren, um nicht der Inflation zu erliegen.) Auf jeden Fall kann die Identifikation mit dem Weißen leicht erdrücken, sie läßt dem Menschen keine Luft – im Sinne von keine

Individualität – mehr. Solche Identifikationen mit dem Weiß enden leider nur zu oft im Größenwahn.

Während meines Praktikums in der Psychiatrie sah ich einen Patienten, der von Welterlösungsvorstellungen heimgesucht wurde und immer ein weißes Hemd trug. Das ganze 19. Jahrhundert, als die Menschen im Durchschnitt religiöser waren als heute, brachte bei schizophrenen Patienten häufig den Erlöser- oder Engelwahn hervor.

Weiß soll vom normalen, als langweilig oder schmutzig erlebten Leben erlösen, es soll von dieser Wirklichkeit erlösen, von der Gebundenheit an den irdischen Körper. Weiß ist die Farbe der Erlösung vom körperlichen Dasein, aber zugleich verführt es auch schamlos zur Körperlichkeit.

Im Weiß ist der Tod anwesend wie das volle Leben: Die kalte weiße Haut der Toten steht neben der weißen der Verführerin. Fast könnte man meinen, daß die weißen Göttergestalten geschaffen wurden, um uns die Eigenschaften der Farbe Weiß mit ihren Polen Leben und Tod zu verdeutlichen.

Apoll ist, wie bei einem solch schönen Gott nicht anders zu erwarten war, sehr langlebig. Als Gestaltwandler (nach Ranke-Graves ist Apoll sozusagen der Trickster unter den Göttern) verwandelt er sich in den irischen *Mabon* (auch: *Maponos, Mabonagrin*), der wie sein griechisches Gegenstück als Lichtgott verehrt wird – zusätzlich beschützt er noch die Dichter und die Dichtkunst.

Für die Dichter scheint die Farbe Weiß grundsätzlich von großer Bedeutung zu sein. Davon zeugt Robert Ranke-Graves' historische Studie »Die weiße Göttin«.

Dieses kenntnisreiche Buch verbindet Hunderte von meist germanischen Lichtgottheiten[5] – in der Mehrzahl weibliche[6] – unter dem Aspekt der Farbe Weiß miteinander. Weiß ist für ihn die Sprache, mit der die Götter sich an die Poeten wenden, so wie die Poeten ihrerseits in der Auseinandersetzung mit dem Wesen des Weißen ihre größten Werke schufen. Das spiegelt sich auch

im Geist des Abenteuerromans. »Moby Dick«, Melvilles Buch über den weißen Wal, wird als Klassiker der Welt- und Abenteuerliteratur angesehen, genauso wie »White Fang« (»Wolfsblut«), der Roman von Jack London, der als sein bestes Werk gilt. Von den vielen Buchveröffentlichungen Per Olof Sundmans sieht die schwedische Literaturkritik ziemlich einhellig »Ingenieur Andrees Luftfahrt« als sein bislang bestes Werk an.
All diese Bücher beschreiben eine Faszination der Farbe Weiß, wie sie nur Lichtgöttern zukommt. Man ist verführt zu sagen, daß das, was früher der Kult der weißen Lichtgottheiten bewirkte, heute noch im Abenteuer- und Schauerroman widerklingt.

In dem walisischen Heldenepos »Mabinogion«, einem der ältesten Textdokumente der britischen Insel, treffen wir gleich zu Beginn den sagenhaften Helden *Bran*, von dem nur noch sein Haupt übrig geblieben ist. Ein Haupt, das sprechen kann. Bran geht auf den Lichtgott *Beli* zurück, der in Stonehenge verehrt worden sein soll. Es soll ein Lichtgott Bran am Heiligtum zu Avebury verehrt worden sein, und dieser Bran bzw. der unweit davon verehrte Beli mögen als Bran ins »Mabinogion« eingezogen sein.
Wie Bran mit der Farbe Weiß verbunden ist, zeigt schon die Sage, daß sein Kopf in White Hill (heute: Tower Hill in London) begraben sein soll. Der Bran des »Mabinogion« war überaus alt, ganz weiß, und sein Kopf gab gute und weise Ratschläge in Not. Hier wird aus dem Lichtgott der weiße weise Kopf – welch ein zwiespältiges Symbol des Geistes: Die Weisheit (Weißheit) wird auf Kosten des Körpers erreicht.
Das Weiße tritt zwar als weise, aber zugleich als nicht vollständig auf. Es fehlt ihm der Körper, dessen Symbolfarbe in diesem Zusammenhang Schwarz ist. Bran ist der reine Geist, der weiße Lichtgott. Dieser walisische Mythos zeigt, daß Weiß ohne Boden ist: Weiß ist der bodenlose Geist, denn die Erdung fehlt. Es be-

sitzt immer eine Tendenz zum Unirdischen: Das Weiße braucht das Schwarze, weil es von diesem geerdet wird.
Daß nun dieser weiße Geist spricht, und dazu noch weise, prädestiniert ihn als Vorbild für die Dichter. Der unsterbliche Dichter spricht selbst nach seinem Tode noch wie der Kopf Brans. Bran ist der Geist, der sich im Dichter meldet, die Muse, die ihn inspiriert, und das Licht, das ihn wärmt. Weiß kann jedoch auch Helden hervorbringen: Der strahlende Held *Herakles*, der Heiler und der Geheilte, war nach korinthischer Auffassung der Sohn der weißen Göttin *Ino* von Pelion.
Die Vorstellung vom weißen Lichtgott finden wir ebenfalls in Ostasien, wo im Buddhismus, der durch eine Vorliebe für weiße Götter auffällt, *Vairocana* als einer der fünf ganz großen sogenannten Dhyani-Buddhas verehrt wird. Vairocana bedeutet »der Sonnensproß«. Er wird rein weiß abgebildet, und sein Emblem, das Rad, ist ebenfalls blütenweiß. Die Jahreszeit des Schnees wird ihm zugeordnet. Vairocana wird schon allein deswegen als rein weiß bezeichnet, da er das weiße Licht der Leere symbolisieren soll.
Vairocana, als Verkörperung des Weißen im Buddhismus, stellt eine Abstraktion dar. Er wird wie alle Dhyani-Buddhas als immer meditierendes Geistwesen dargestellt. Weiß ist die Idee, das Blutlose und Abstrakte, farbig finden wir die menschlichen Buddhas als lebendige Umsetzer dieser Idee gestaltet. So ist hier abermals Weiß dem Abstrakten wie dem Unsichtbaren verbunden.
Da in der Götterwelt Lichtgottheiten meist als männlich und weiblich auftreten, steht Vairocana die volkstümliche buddhistische Göttin *Ushnishavijaya* gegenüber. Auch sie ist von makellos weißer Farbe, selbst ihre Aura ist weiß. Dreigesichtig und achtarmig, besitzt sie die Tugenden aller Buddhas.
Wenn Ranke-Graves bei den Germanen die weißen Götter und Göttinnen den Dichtern verbunden sieht, ist bei den Buddhisten wenigstens der Herr über die Musikanten *Dhrtarashtra* rein weiß. Er hält selber eine Mandoline und hat eine Vorliebe für

die Poeten. Dieser weiße Gott stellt eine mächtige Lichtgottheit dar, er ist einer der vier Welthüter, und zwar jener des Ostens, weil von dort das Licht kommt.[7]

Nun einen Blick auf das Weiß im Schwarzen Kontinent: Bei den Ewe in Togo tritt uns der weiße Himmelsgott *Mawu* entgegen, der alle Dinge gibt, der uns beschenkt und nichts für sich behält. Dieser weiße Himmelsgott liebt die weiße Farbe über alles, so daß er einzig weiße Speisen – also nur das Reinste – zu sich nimmt. Vom Geschlecht her scheint er nicht festgelegt zu sein: In einigen Versionen tritt er uns männlich gegenüber, in anderen ist er die Schwester der Sonne (weibliche Mondgöttin), ferner gibt es zu allem Überfluß noch eine androgyne Version von ihm. Genauso verhält es sich mit der Farbe Weiß: Sie gibt sich leicht den anderen Farben hin, bezeichnet Opfertiere und die Unberührtheit, aber sie kann auch blenden, sie weitet sich aus, zerstört ganz aggressiv das Rhodopsin im Auge, sticht oder fällt ins Auge; das Weiße läßt Herakles Heldentaten vollbringen und die modernen tragischen Helden wie Amundsen, Andree und Kapitän Ahab untergehen. Dann verblüfft Weiß wieder als das Weibliche, das die Männer an sich zieht – die weiße Anima, die weiße Frau und Hexe, aber auch der Blitz des Zeus und der Pfeil des Apoll.

Der weiße *Mawu* besitzt geheimnisvolle Beziehungen zur unsichtbaren Welt: Er erschuf die Geister, um eine Verbindung zwischen sich und den Menschen herzustellen. Die Geister sind weiß wie ihr Schöpfer, und das nicht nur, weil dieser Weiß über alle Maßen liebt, sondern weil nur die Farbe Weiß an der Grenze zwischen Unsichtbarem und Sichtbarem steht – wie wir bei der Betrachtung der Trübe in Goethes Farbenlehre noch sehen werden.

Im Schöpfungsbericht der Bibel geht die Erschaffung des weißen Urlichts jeglicher Gestaltwerdung voraus. Dieses göttliche Licht des Anfangs tritt uns als Urkraft entgegen, die in der Farbe Weiß ins Erträgliche und Aushaltbare gemildert wird, so daß der Mensch einen Widerschein des Göttlichen spüren und erleben kann.

»... das Licht ist das Gute«, schreibt A. Rosenberg, »und die Finsternis ist das Böse; das Licht können wir nicht begreifen, da ist den Menschen die Offenbarung gegeben, und die Farben sind in die Welt gekommen ...«[8]

Weiß vertritt den aus Gott stammenden Geist, den der Mensch zu erfassen vermag, Schwarz symbolisiert das Fleisch, den Körper, mit dem wir auf der Erde leben: Aber es ist Zwietracht gesät zwischen dem schwarzen Fleisch und dem weißen Geist ...

Nach jüdischer Überlieferung (jerusalemitischer Talmud zu 1. Mose 2,7) schuf Gott den Menschen in den Farben Schwarz, Weiß und Rot. Weiß bezeichnet dabei den göttlichen Geist im Menschen, Rot meint die Seele, die im Blut wohnt, und Schwarz symbolisiert den Körper (gleiche Farbkonstellation in »Schneewittchen«). Weiß symbolisiert das Göttliche im Menschen, und so göttlich es ist, so gestaltlos ist es auch: Selbst als inkarniertes Göttliches bleibt es unfaßbar.[9]

Tabelle 1:
Überblick über die in diesem Kapitel genannten Lichtgottheiten

BUCHIS – Ägypten
RA/RE – Ägypten
BAAL ZEPHON – Kanaan
APOLL – Griechenland
APHRODITE – Delphi/Griechenland
HERAKLES – Griechenland (Sonnenheld)
ARIANRHOD – Wales (keltisch)
BRAN – Wales (keltisch)
MABON/MAPONOS – Wales (keltisch)
MABONAGRIN – Wales (keltisch)
ARAPACANA – Indien, Nepal, Tibet (buddhistisch)

DHRTARASHTRA – Indien, Nepal, Tibet (buddhistisch)
USHNISHAVIJAYA – Indien, Nepal, Tibet (buddhistisch)
VAIROCANA – Nepal, Tibet (buddhistisch)
CHEN RESIG (TSCHENREZIG) – Nepal, Tibet (buddhistisch)
GILTINE – Litauen
MAWU – Togo

Weiße Lichtgottheiten und Geistwesen finden wir in aller Welt; neben der Bedeutung Tod scheint der weißen Farbe keine Bedeutung so eng verbunden zu sein wie Geist. Geist und Weiß scheinen zwei Bausteine des gleichen Archetypen zu sein.

2. Der weiße Fürst und das weiße Heer

»Ein jeder Engel ist schrecklich.«

(Rainer Maria Rilke)

Weiße Geister wie die, die wir eben bei den Ewe in Togo kennengelernt haben, sah auch der Stadtschreiber Petri von Mühlhausen im 17. Jahrhundert. Er beschreibt einen Geisterkampf, bei dem ein Heer von weißen Geistern einem der roten Geister gegenübersteht. Die Vorstellung von roten Geistern läßt uns an die Teufel denken, die heute zu kleinen, niedlichen roten Wesen der Likörwerbung verkommen sind. Das weiße Heer besteht aus den guten Geistern, die die Teufel bekämpfen. Solche Bilder begegnen uns schon in der Johannes-Apokalypse, in der das Heer der himmlischen Heerscharen für Treue und Gerechtigkeit gegen den Antichristen streitet:

> *»Und ich sah den Himmel aufgetan; und siehe, ein weißes Pferd. Und der darauf saß, hieß:*
> *Treu und wahrhaftig und er richtet und streitet mit Gerechtigkeit. (...) und ihm folgte nach das Heer im Himmel auf weißen Pferden, angetan mit weißer und reiner Leinwand.«*[1]

Schon als das erste der apokalyptischen Siegel aufgebrochen wird, sieht der Prophet ein weißes Pferd, auf dem der siegreiche König sitzt: Hier ist der weiße Held angesprochen, der das weiße Heer anführt. Diese Vorstellung kennen wir ebenfalls von den friesischen Sagen, wo ein weißer König auf einem Schimmel nach der Endschlacht völlig gerecht das Land regiert.[2] Die Briten betonen mehr die Weisheit des letzten Herrschers: Merlins Weissagungen zufolge wird zur Erlösung der Welt ein weißer weiser Mann auf einem Schimmel erscheinen.
Alle diese Vorstellungen gehen auf die Apokalypse zurück und legen Weiß einseitig als Farbe der Reinheit, Gerechtigkeit und Unschuld fest. So wird Weiß auch beim Meßopfer symbolisch eingesetzt. Die blütenweißen Altartücher und die weißen Hostien des Sakramentsaltars sollen den Gläubigen zeigen, wie rein er in seinem Herzen sein soll. Wenn der Priester die Albe (das weiße Gewand) zum Meßopfer anlegt, betet er: »Kleide mich in weißes Gewand, Herr, und mache rein mein Herz.«[3] Dazu kommen noch die weißen Kerzen, die uns daran gemahnen sollen, allzeit opferbereit zu sein.[4] Die Antike kannte dieses Bedeutungsspektrum der Farbe Weiß nicht, es stammt aus der altjüdischen Tradition. Auch die buddhistische Mythologie kennt weitgehend nur dieses gute, reine und heilige Weiß.
Ich habe das Gefühl, daß in diesen beiden Religions- und Mythensystemen der positive Aspekt des Geistes derart überbetont wird, daß der Geist kastriert und starr erscheint. Das böse Weiß aus »Moby Dick«, der weiße Hai und der auf den Tod kämpfende Wolfshund in »White Fang« sind hier ausgeblendet – dieses Weiß wirkt eindimensional, fade und kitschig auf mich, ihm fehlt es an Abgründen. Die suggestive Kraft dieses einseitigen Gebrauchs der Farbe Weiß hat unsere Wahrnehmung bis heute kanalisiert und festgelegt.
Für unseren Kulturbereich hat das Christentum die Farbe Weiß durchgängig verharmlost, außer bei der Tötung der weißen Pferde der Germanen. Aber das Christentum konnte bestens die

Magie des weißen Pferdes übernehmen, und so führte 1185 der heilige Wenzel auf einem weißen Pferd das Heer der Böhmen zum Sieg. Wenzel kämpfte für eine weiße, eine reine Welt; so standen viel später auch in Dostojewskis Rußland Heilige und Propheten für diese weiße Welt »mit weißglühender Empfindung« – wie es Stefan Zweig in seinem Dostojewski-Essay so dramatisch ausdrückt – ein. Die lange Reihe der weißen Helden spiegelt eine uns noch heute bekannte Sehnsucht.
Für das Volk ist der heilige Jakob zu solch einem weißen Heerführer geworden, der das weiße, gerechte und reine – kurzum das christliche – Heer gegen die Sarazenen führte. Alle diese christlichen Legenden beschwören das gleiche Bild herauf: Das weiße Heer kämpft gegen das Heer von Teufeln. Das erinnert mich an Sri Aurobindos Vision von den Kriegern des Lichtes im »Savitri«. Das ist auch ein Bild des Kampfes gegen die eigenen Dämonen in Form von Stimmungen, Launen und falschen Geistes- und Lebenshaltungen.

Ganz kämpferisch tritt uns das Weiß in den Kampfanzügen fernöstlicher Kampfsportarten wie Judo und Karate gegenüber. Das Weiß dieser Kampfanzüge soll daran gemahnen, daß der wahre Kampf innerlich und geistig zu führen ist. Soll auch die weiße Tenniskleidung daran erinnern?

In verzauberter Form tritt uns dieses kämpferische Weiß als »weißer Terror« entgegen, den Klaus Theweleit an der Geschichte der »Freikorps« der Weimarer Republik akribisch untersucht hat.[5] Theweleit zeigt, wie der weiße Terror das Erotische in der Frau bekämpft und sich für reine Ehefrauen, unschuldige Mädchen und reinliche Krankenschwestern als weiße Frauen einsetzt. Die Machtbestrebungen des Faschismus und des Christentums treffen sich im Lob der »reinen«, weißen Frau. Ein Ideal, das gut geeignet ist, Frauen in ihrer Lebendigkeit zu unterdrücken.

Im christlichen Bereich stellt seit der Apokalypse das weiße Heer mit seinem weißen Führer Gottes Wort dar, das letztendlich unbesiegbar ist. Zum Bild des Führers dieses Heeres gehört der Schimmel, den er reitet, und der schon den Germanen heilig war.[6] Das Wort als Verkörperung des Geistes reitet auf dem Schimmel dem siegreichen Heer voran. Das ist der Geist, der die Triebe des Unbewußten bekämpft. Im Sinne der Kultur muß der Geist über die Triebe herrschen – so meint man. Seit dem Mittelalter soll der Mythos vom weißen Heer einer Gesellschaft auf dem Wege zu einer höheren Kultur helfen, er stellt sozusagen eine Lehrgeschichte dar. Einsichtigen Kirchenfürsten der Kreuzzugszeit – als dieser Mythos aufblühte – war sicherlich bewußt, daß die Sarazenen eine Kulturstufe erreicht hatten, die die Christen erst mit großer Mühe anstrebten. So mußten folglich die Sarazenen verteufelt und das eigene Heer, weitgehend blutrünstige Söldnertruppen, verherrlicht werden.
Immer jedoch ist der weiße Herrscher der Lichtherrscher, der die Materie und den Tod überwindet. Allerdings kann man feststellen, daß im Christentum der weiße Tod vom weißen Lichtherrscher abgespalten wurde. Das Christentum weist die Tendenz auf, das Böse – wie den Teufel und den Tod – aus seinem weißen, eindimensionalen Gottesbegriff abzuspalten. Damit verliert der weiße Herrscher an Dimension und wird zum lieben Gott im weiß wehenden Gewande, der gemütlich auf einer weißen Wolke, umschwärmt von all den lieblichen weißen Engelchen, sitzt. Wenn ich es mir jedoch recht überlege, dann gibt es auch noch Gottvater, der mit erhobenem Zeigefinger recht drohend auf seiner Wolke thront.

Ein anderes Bild des weißen Herrschers finden wir in dem Gemälde »Neuland« des zeitgenössischen Malers Hans-Werner Sahm[7] eindrucksvoll gestaltet.

Abb. 9: Neuland
(H.W. Sahm; Galerie Gerstenberg, Bonn)

Der weiße Herrscher steht ganz in einen schneeweißen Mantel gehüllt am Abgrund des felsigen, schroffen Berges. In seinem goldenen Helm spiegelt sich das Licht wider, sein polierter Speer zeigt nach oben in den Himmel. Er weist den Weg ins Neuland, da er vom göttlichen Geist beseelt ist. Das Neuland sieht auf diesem Gemälde relativ unwirtlich aus. Das hinter diesem Helden stehende weiße Heer ist nicht dargestellt. Ich bemerke, daß im weißen Herrscher immer auch die Melancholie mitschwingt, er ist der einsame Herrscher, der wie sein Gegenstück Kapitän Ahab den Prototyp des einsamen Mannes verkörpert. Unsere weißen Helden zwingen sich immer zur Tat: Hier auf dem Bild gilt es, unwirtliches Neuland zu besiedeln. Im Mittelalter kämpfte der weiße Herrscher gegen die Sarazenen, und wogegen kämpft der Weiße Herrscher heute? Im weißen Haus kämpft man z.B. verbissen darum, daß die rote Bedrohung aus dem Osten noch geglaubt wird. Genauere Analysen des weißen Kampfes bzw. Terrors im ersten Drittel dieses Jahrhunderts finden wir in Theweleits Buch »Männerphantasien« dokumentiert: Zunächst kämpft der weiße Herrscher als Mann gegen sein eigenes Unbewußtes, das ihm solche unsittlichen Triebe mitgibt. Das Licht kämpft gegen die Finsternis.

In der Apokalypse des Johannes ist die Farbe Weiß immer auch mit der Verklärung verbunden. Das ist wohl auch der Grund dafür, warum in einem solch tiefgründigen Buch wie der Apokalypse die Abgründe der Farbe Weiß übersehen werden: Es ist dort weder das blendende tödliche, noch das verführerische Weiß angesprochen; Weiß ist nur rein und gut, das Böse hat im Licht und im Weißen als Lichtfarbe nichts zu suchen.

Da nun das weiße Heer als Heer des göttlichen Geistes nicht böse sein kann, denkt man es sich als Friedensheer – spätestens seit den Kreuzzügen fällt diese Vorstellung schwer.

Die weiße Fahne zeigt im Krieg den Frieden an[8], und so will das weiße Heer den Frieden bringen. Eigentlich heißt das Schwenken der weißen Fahne, daß man sich ergibt – aber das weiße Heer hatte sicherlich nicht den Ruf, daß es sich sogleich ergibt. Wie das Heer der Engel ist das der Märtyrer und Heiligen schon eine ernstzunehmende Waffe Gottes[9] – zumindest im ideologischen Bereich.

Was mit dem weißen Heer begann, das führte zur Kampagne der Weißwäscher, die bei den modernen Weißmachern und der weißen Unterwäsche endet.

Das weiße Heer ist trotz (oder wegen) all seiner Reinheit mächtig. Weiß gilt seit den Lichtmysterien als die Farbe der Macht, da es die Farbe des Sonnenherrscher-Gottes ist. Aus dem weißen Herrscher wurde unter den Händen moderner Werbefachleute der Weiße Riese, ein Putzmittel größter Macht. Aus dem mächtigen Heer der Märtyrer und Heiligen wurde eine Nation von Saubermännern und -frauen, das Kampffeld wurde auf die mikroskopische Dimension verlegt. Weiß ist nicht mehr der Geist, der alles durchdringt, Weiß ist zum Zeichen der reinen und somit guten Materie geworden. Das spiegelt die Wendung vom Idealismus zum Materialismus wider. Allerdings ist die Materie des schneeweißen Bettlakens oder des mondweißen Dessous immer noch mit dem Ringen um die Unschuld verbunden. Es geht hier um die Faszination der Unberührtheit, die nach der ersten Berührung schreit.

Das Christentum kastriert die Farbe Weiß um ihre Abgründe. Die Farbe erblaßt, indem sie eindimensional gut wird, sie verliert ihren schillernden Glanz. Genauso wird das reine Weiß auch in der modernen Werbung angewendet: Es soll das Gute und Reine bezeichnen. Ohne Schuld soll man konsumieren dürfen. Um wieviel abgründiger erlebte die Antike die Farbe Weiß: Juno[10], die römische Göttin des Lichts, deren Symbolfarbe Weiß ist, wird geschildert wie Mephisto, der Teufel, der von sich sagt, er sei ein Teil von jener Kraft, die stets das Böse will und doch das Gute schafft.

> *»Als Herkules in den Himmel aufgenommen war, machte er seinen Gruß unter allen Göttern der Juno zuerst. Der ganze Himmel und Juno erstaunte darüber. Deiner Feindin, rief man ihm zu, begegnest du so vorzüglich? Ja, ihr selbst, erwiderte Herkules. Nur ihre Verfolgungen sind es, die mir zu Taten Gelegenheit gegeben, womit ich den Himmel verdient habe.«*[11]

Nach dieser charmanten Geste vergibt die weiße Juno dem Lichthelden Herakles. Hier helfen die Herausforderungen der Farbe Weiß dem Helden auf seinem Weg dem Licht zu. Das böse Weiß bringt das Gute hervor. Die eifersüchtige Juno bzw. Hera sandte Herakles Schlangen in seine Wiege, die er als Baby erwürgte, denn Zeus hatte Herakles bei einem Fehltritt mit Alkmene gezeugt. Juno versucht Herakles' Geburt zu verzögern und schlägt ihn mit einem Wahnsinnsanfall, in dem er seine Kinder erschlägt. Hier finden wir in buntesten Bildern die abgründige Seite der Farbe Weiß gestaltet, genau das, was wir aus »White

Fang«, »Ingenieur Andrees Luftfahrt« und »Moby Dick« schon kennen.
Das Christentum betont ganz besonders die positiven Eigenschaften des Weißen, die letztendlich alle auf den Geistcharakter dieser Lichtfarbe zurückzuführen sind. Sören Kierkegaard[12] charakterisiert treffend den Gott der Christen als einen Gott des Geistes, der gegen alles wettert, was nicht Geist ist. Der weiße Held, der in den Träumen moderner Menschen auftritt, ist ein Abglanz dieses Gottes – zumindest ist er ein rechter Hermes (Merkur): ein Psychopompos (Seelenführer) und Initiator, »welcher den geistigen Transitus des Adepten in die Wege leitet.«[13]

Als ich nach einigen Widerständen systematisch an diesem Buch zu schreiben begann, da bemerkte ich schnell, wie stark Weiß der Klarheit und der Struktur verbunden ist. Tragen deswegen die Naturwissenschaftler weiße Kittel?
Ursprünglich war natürlich dieses Bild des klaren, weißen Geistes mit Gott verbunden – aber nicht mit dem alten harmlosen Opa mit weißem Haar und Rauschebart, sondern eher mit dem des Naturgesetzes. Das ist der objektive Gott, der Gott des zwingenden Gesetzes, aus dem der Gott des Sachzwangs wurde. Ich hörte einmal in einem sozialwissenschaftlichen Seminar die Wendung: »Wir sind vom weißen Heer der Bürokraten bedroht.« Wenn Schwarz die Farbe der anarchistischen Freiheitskämpfer ist, wie es auch schon die Fahne der Seeräuber war, so stellt Weiß seit den Herrschern der Antike, die sich mit der Sonne identifizierten, die Farbe der strukturierten und strukturierenden Macht dar. Diese Macht ist an das Wort und die Schrift gebunden,und so ist es nicht verwunderlich, wenn nicht nur im Christentum die Farbe Weiß an das Wort gebunden ist.
Christlichen Vorstellungen zufolge bringt das weiße Heer den Heiden (wie bei den Kreuzzügen) das Wort Gottes. Nach Ranke-Graves wachen die weiße Führerin und das Heer weißer Gott-

heiten über das poetische Wort. Das poetische Wort und das Wort Gottes, beide eng mit Weiß verbunden, machen die inspirierte Sprache, den Mythos aus. Es ist die Sprache der inneren Bilder gemeint, die der inneren Stimme, die auf Erden durch den weißseiden gekleideten Papst[14] als Stellvertreter Gottes auf Erden dargestellt wird.

Vielleicht sind die Poesie und Gottes Wort dem Weißen derart verbunden, da beide rein sind, beide aus der reinen Quelle direkter Inspiration und Wahrnehmung kommen, so wie der Heilige Geist sich als weiße Taube herabsenkt. Die Sprache der Poesie und des Mythos reicht wie die Farbe Weiß in eine andere Welt hinein. Wie Weiß berührt sie die Finsternis, ohne sich mit ihr zu mischen, und sie stammt aus dem Unsichtbaren. Man empfand wohl in mythenbildenden Zeiten, daß auf der sprachlichen Ebene die Farbe Weiß dem inspirierten Wort entsprach – eine Empfindung, die wir heute noch gut nachvollziehen können. So kann die Farbe Weiß das inspirierte wie das inspirierende Wort verdeutlichen.

Das weiße Heer ist außerdem das Heer aller Märtyrer und Heiligen, sozusagen die weiße ideologische Streitmacht der Kirche. Wie schon in der Apokalypse tragen noch heute nach christlicher Vorstellung Märtyrer, die meisten Heiligen und auch Kinder ein weißes Gewand. Der Täufling wird deswegen im weißen Taufkleid in dieses Heer der Gläubigen aufgenommen. So sagt zum Beispiel der Kirchenvater Klemens von Alexandrien: »Für Menschen, die den Frieden und das Licht lieben, ist Weiß die passende Farbe.«[15]

Die Nonne Dorothea Forstner (OSB) schreibt als ersten Satz zur symbolischen Bedeutung der Farbe Weiß im Christentum: »Weiß ist die Farbe des ungebrochenen Lichtes.«[16] Das weiße Heer der Gläubigen hat Anteil an dem ungebrochenen göttlichen Geist, es wird direkt von Gott inspiriert.

Und wer denkt nicht beim weißen Heer sogleich an die himmlischen Heerscharen der Engel?

Die Gewänder der Engel bei der Auferstehung und Himmelfahrt Christi waren weiß wie der Schnee. »Weiß wie der Schnee«: Genau mit diesen Worten werden Christi Kleider auch bei seiner Verklärung auf dem Berg Tabor bezeichnet. Dorothea Forstner erklärt dies damit, daß Weiß die Farbe der Festlichkeit und der Freude sei.[17] (Es darf auch nicht vergessen werden, daß es bei der Verklärung um die Verwandlung in den Lichtleib geht.[18]) Diese Schicht finden wir noch heute besonders in der Werbung ausgedrückt (z.B. Champagner-Werbung), und man erinnere sich nur an das populäre und vielbesungene Weiße Rößl am Wolfgangsee als Ort lustiger Feste.

Für die Christen ist Weiß vorzüglich ein Symbol des männlichen Geistes; der Geist des Herrschergottes wirkt jedoch angenehm weiblich als weiße Taube. Das weiße Licht durchdringt und reinigt alles, der Geist dringt ins Unbewußte, um dort zu herrschen: »Wo ES war, soll ICH werden«, sagt Freud und steht so ganz an der Spitze des modernen weißen Heeres. Innerpsychisch gestaltet die christliche Kirche in ihrem Bild vom weißen Heer den beständigen Kampf um die Unschuld, den die Antike noch nicht kannte. Daß in einem solchen Gebrauch der Farbe Weiß eine Körperfeindlichkeit mitschwingt, ist offensichtlich.
Aber nicht nur das Christentum kennt die Vorstellung vom weißen Heer, das vom weißen Führer angeführt wird. Bei den Germanen reitet Wotan als wilder Jäger auf einem weißen Roß, und er wird in einem Gefolge weißgekleideter Frauen und weißer Hunde dargestellt. Alle Gottheiten und Dämonen des Gewitters finden wir wegen der grellweißen Farbe des Blitzes wenn auch nicht immer als weiße Heerführer, so doch als weiße Jäger symbolisiert. Bei nächtlichem Sturm und Gewitter sollen weißgewandete Mädchen auf weißen Pferden in den Kronen der Bäume umherreiten. Von diesen Gewitter- und Blitzgottheiten stammt auch der Ausdruck »es blitzt«, wenn der weiße Unterrock oder die weiße Unterhose durchscheint.

Im heidnischen Bereich wird die Farbe Weiß bei der Beschreibung des weißen Heeres auch zur Charakterisierung der wilden Naturmächte gebraucht. Hier finden wir das undomestizierte Weiß, das noch nicht seiner Kraft und Wildheit beraubt worden ist. Dieses Weiß wirkt beängstigend, es ist das Weiß des weißen Wales, des weißen Hais und des gleißenden Lichtes der grausamen Eiswüsten.

Im Oktober 1944 schreibt Gottfried Benn in einem Brief:

> *»Ein diogenesisches Dasein, das wir alle führen, in der Tonne drin u. eine Gestalt vor uns, die uns allen die Sonne nimmt... Wann geht der große König aus der Sonne?«*[19]

Der in der Sonne stand, das war der böse weiße Fürst: Adolf Hitler. Daß der große weiße Fürst aus der Sonne gehen sollte, hatte sich schon Diogenes von Alexander dem Großen gewünscht, »als jener ihn nach seinem Tonnendasein gefragt hatte (und das vom falschen Standpunkt aus).«[20]

Hitler, der mächtige Fürst, der sich im hellen Sonnenlicht[21] sonnt – wie Benn es ausdrückte –, nahm dem Dichter und Intellektuellen das Licht, da er alles Licht auf sich bezog. Als die Russen und Alliierten kamen, trat dieser weiße (und braune) Fürst aus der Sonne, die Zeit der Verdunkelungen war beendet. Es gibt hierzu auch ein damals sehr bekanntes Hitlerbild: Hitler als weißer Ritter.

Hitler verkörperte beide Mythen: Er stellte den Führer des weißen Heeres dar, der die Welt (von den Juden) reinigen wollte und er ist der Führer des Wilden Heeres, der Wotan-Baldur – wie C.G. Jung Hitler sah.

Lassen Sie mich diesen Abschnitt mit einem kurzen Auszug aus dem Schöpfungsmythos der Maori beenden, der sich gut zur abschließenden Meditation über das Licht eignet:

> *»Io weilte im Unendlichen, doch wo man atmen kann.*
> *Das Universum lag im Dunkel, Wasser war überall.*
> *Es gab keinen Schimmer der Dämmerung, keine Klarheit, kein Licht.*
> *Und Io begann mit diesen Worten, um nicht länger untätig zu sein:*

›Dunkelheit, das Licht soll in dir sein!‹
Und plötzlich erschien das Licht.

Dann wiederholte Io diese Worte, um nicht länger untätig zu sein:
›Licht, die Dunkelheit soll in dir sein!‹
Und wieder trat tiefste Dunkelheit ein.
Dann sprach Io ein drittes Mal:
›Laß Dunkelheit oben sein, laß Dunkelheit unten sein,
es ist eine überwundene, zerstreute Dunkelheit.‹

›Laß Licht oben sein, laß Licht unten sein,
laß Licht zur Rechten sein, laß Licht zur Linken sein,
ein Reich des Lichtes, ein strahlendes Licht!‹
Und so gewann des Lichts Helligkeit die Vorherrschaft.«

(Io ist einer der großen mythischen Maori-Helden)

3. Goethes Farbenlehre

a) Weiß als Stellvertreter des Lichtes

»Gebildete Menschen haben einige Abneigung vor Farben. Es kann dies teils als Schwäche des Organs, teils aus Unsicherheit des Geschmacks entstehen, die sich gerne in das völlige Nichts flüchtet. Die Frauen gehen nunmehr fast durchgängig weiß und die Männer schwarz.«

(J.W. Goethe, Farbenlehre 841)

Goethe empfiehlt dem geneigten Leser, seine Farbenlehre mit dem Interesse an der Selbsterkenntnis zu studieren und zu lesen.[1] Wer die Gesetze der Farben versteht, der begreift das Leben und so auch sich selbst besser; genau mit diesem Satz könnte man Goethes Farbenlehre überschreiben. Wer wie Sie jetzt die Farbe Weiß verstehen möchte, der wird einen bestimmten Aspekt, den das Weiß verkörpert, zugleich an sich selbst verstehen. Er kann dem gar nicht ausweichen. Gleichzeitig wird die Farbe Weiß einen bestimmten Eindruck auf ihn machen.

Die Erkenntnis, daß alle Farben einen speziellen Eindruck im Gemüt des Menschen hinterlassen, regte Goethe an, sein – wie er selbst sagte – »wichtigstes Werk« zu schreiben, das von vielen Farbpsychologen als Grundlage ihrer Wissenschaft angesehen wird. Immerhin schrieb Goethe vierzig Jahre lang an seiner Farbenlehre[2] und schätzte sie höher ein als all seine Dichtung. Im hohen Alter sagte er zu seinem Freund Eckermann:

> *»Auf alles, was ich als Poet geleistet habe, bilde ich mir gar nichts ein. Es haben treffliche Dichter mit mir gelebt, es lebten noch trefflichere vor mir, und es werden immer ihrer nach mir sein. Daß ich aber in meinem Jahrhundert in der schwierigen Wissenschaft der Farbenlehre der einzige bin, der das Rechte weiß, darauf tue ich mir etwas zugute, und ich habe daher das Bewußtsein der Superiorität über viele.«*[3]

Was ist das Besondere an Goethes Farbenlehre, an das wir heute anknüpfen können?

Mir scheint dies in Goethes Methode der teilnehmenden Anschauung zu liegen, jener Partizipation an den geschauten Phänomenen, die in unserem Jahrhundert seit Albert Einstein von den Quantenphysikern und Relativitätstheoretikern wiederentdeckt wird. Indem Goethe in seiner Farbenlehre zeigt, wie die Farbe ins Sein tritt, wie die Dynamik der Farben als Leiden und Freuden des Lichts in Konfrontation mit der Finsternis zu verstehen ist, nimmt er eine konsequent qualitative Perspektive auf die Welt der Farben ein. Im Grunde handelt es sich bei der goetheschen Methode um den gleichen Vorgang wie bei der Meditation auf die weiße Wand: Plötzlich sieht man diese weiße Wand anders und doch wie vorher. Durch dieses »Anders-Sehen«, das einem veränderten Bewußtseinszustand entspricht, werden neue Perspektiven und Zusammenhänge deutlich. Was man zuvor als unverbundene, isolierte Phänomene sah, kann man nun in seinen Zusammenhängen und Bildungsgesetzen studieren. Dieses bewußte Sehen, das Goethe propagiert, schenkt uns eine neue Sichtweise, die der direkten Erfahrung bei der Meditation auf die weiße Wand entspricht: Man nimmt die

Phänomene der Umwelt direkt wahr, indem man die alten und gewohnten theoretischen Konzepte hinter sich läßt und sich ganz in das Phänomen versetzt. Die einzelne Farbe wird bei dieser Sicht verlebendigt, denn sie stellt kein totes Betrachtungsobjekt mehr dar, das von anderen Objekten deutlich zu unterscheiden ist, sie ist vielmehr als ein ganz bestimmtes Moment der Spannung zwischen Licht und Finsternis zu sehen. Weiß ist so gesehen mit Gelb, Orange und Rot verbunden. Bei dem Farbeindruck Weiß sehen wir das Licht direkt, bei Gelb, Orange und Rot ist unser Blick auf das Licht getrübt. Goethe lehrt uns also, in die Sprache der Farben hineinzuhorchen und von der Gesamtheit aller Farben auszugehen.

Was ich in diesem Buch über die Farbe Weiß vermitteln wollte, ist die Einnahme einer anderen Sichtweise als die gewohnte analytisch-verbale oder die christlich vorgeprägte. Gemäß unserer gewohnten Sichtweise, die die Farben gemäß ihrer Wellenlänge voneinander trennt, entwickeln wir eine synthetische Sichtweise, die Weiß als dynamisches Phänomen anschaulich werden läßt – Weiß also in der Bewegung erfaßt.

Um zu dieser Methode vorzustoßen, ist ein Bewußtseinswandel nötig, ein Ausstieg aus der strengen Subjekt-Objekt-Trennung. Die Farbe Weiß ist nicht länger ein totes Objekt, das wir ungerührt betrachten, sondern wir schaffen in unserer Betrachtung mit all unserer Intuition dieses Weiß, das erst durch uns Sehende zu dem wird, was es ist.[4]

Goethe stellte in seiner Farbenlehre fest, daß eine stark beleuchtete weiße Fläche blendet und solch ein Weiß einen für lange Zeit unfähig machen kann, mäßig beleuchtete Gegenstände zu unterscheiden. Dem Empiriker Goethe fällt zunächst der aggressive Charakter der Farbe Weiß auf.[5] So bemerkte er, daß ein weißer Gegenstand um etwa 1/5 größer wirkt als ein dunkler.[6] Deswegen sollten fülligere Personen sich nicht weiß kleiden, falls sie ihre Körperfülle nicht akzeptieren, wohingegen Personen, die sich für zu dünn halten, weiße oder zumindest sehr helle

Kleider tragen sollten. Weiß breitet sich aus, es transzendiert Grenzen, es läßt etwas größer erscheinen, als es in Wirklichkeit ist – auch deswegen tragen Autoritäten gerne Weiß. Im weißen Kittel wirkt selbst der kleine Kauz groß(artig). Weiß besitzt die Eigenschaft der Ausbreitung, der Blendung und des Vergrößerns, weswegen Goethe Weiß als den Repräsentanten des Lichtes in der Farbenwelt ansieht.[7]

Stellvertretend für das Licht versetzt Weiß den menschlichen Organismus in Tätigkeit. Weiß sticht aggressiv in die Augen. Weiß fällt immer sofort auf, weil es den Organismus derart in Tätigkeit setzt, daß er es nicht unbeachtet lassen kann.

Nach Goethe ist dies jedoch nur eine Seite der Farbe Weiß, die andere Seite bildet Weiß als Farbe der Trübe:

> *»... das Weiße kann als die vollendete reine Trübe angesehen werden.«*[8]

Und gleich anschließend stellt Goethe Weiß als eine Art kristallisierte Form der Durchsichtigkeit dar:

> *»Reines Wasser zu Schnee kristallisiert, erscheint weiß, indem die Durchsichtigkeit der einzelnen Teile kein durchsichtiges Ganzes macht. Verschiedene Salzkristalle, denen das Kristallisationswasser entweicht, erscheinen als weiße Pulver. Man könnte den zufällig undurchsichtigen Zustand des rein Durchsichtigen Weiß nennen, sowie ein zermalmtes Glas als weißes Pulver erscheint.«*[9]

Nach Goethe stammt das Weiß vom Durchsichtigen ab, er stellt dem blendenden Weiß dessen Vergangenheit (oder Zukunft) im Durchsichtigen, Nicht-Auffälligen entgegen. Und da dieses Weiß die reine Trübe darstellt, gehen aus ihm alle Farben hervor. Zugleich besitzt das Weiß als Trübe die Kraft, durch seine Beimischung alle Pigmentfarben zwar heller, aber zugleich auch matter erscheinen zu lassen. Es bricht die Lebendigkeit der beigemischten Farbe. Auf jeden Fall nimmt Weiß anderen Farben ihre Klarheit und ihr Feuer. Mischen Sie doch einmal einem leuchtenden Rot Weiß bei, und betrachten Sie dann das so entstandene Rosa: Von der Kraft des Roten ist bei diesem Misch-

vorgang viel verlorengegangen. Auf Grund von Naturbetrachtungen kam Goethe dazu, das Entstehen der kalten Farben Blau und Violett daraus zu erklären, daß man durch eine seitlich beleuchtete Trübe (die der Atmosphäre) auf die Finsternis (die des Weltraums) schaut. Deswegen erscheint uns der Himmel blau, da wir durch die Trübe der Atmosphäre auf den tiefschwarzen Weltraum schauen.
Wenn man durch die Trübe auf eine Lichtquelle wie die Sonne schaut, entstehen die warmen Farben von Rot (wenn viel Trübe vor der Lichtquelle liegt) bis Gelb (wenn wenig Trübe vor der Lichtquelle liegt). Die Trübe, also das Weiß, bringt alle Farben hervor.
Beim Malen finden wir strukturell den gleichen Vorgang: Das weiße Blatt bringt alle Farben hervor.
Nach Goethe wird das sich verdunkelnde Weiß gelb, wie das sich erhellende Schwarz blau wird.[10] Weiß, das einschmutzt, weist eine Tendenz zum Gelben und zum Vergilben auf. In der Dämmerung dagegen zeigt Weiß eine Tendenz zum Grauen, und Schatten lassen Weiß ebenfalls oft grau erscheinen.[11]
Wenn Goethe Weiß als die Farbe der Trübe sieht, dann geht der Spielraum von Weiß bis in das Grau hinein, wie es allgemein bei den Griechen des Altertums der Fall war. Wenn das Helle weiß gedacht wird, das Dunkle schwarz, so muß die dazwischen stehende Trübe grau sein – man könnte vom »beschatteten« Weiß reden.

Tabelle 2:
Das Helle, das Trübe und das Dunkle

HELL	TRÜBE	DUNKEL
Weiß Licht	Weiß bis Grau undurchsichtiger Zustand eines Durchsichtigen	Schwarz Finsternis

Goethe schreibt, Weiß ist dem Licht verwandt, es tritt aus dem Durchsichtigen durch dessen Trübung hervor. Es nimmt allerdings auch andere Farben schnell an. Poetischer ausgedrückt:

Weiß gibt sich schnell und leidenschaftlich anderen Farben hin. Sie können das an Ihren Aquarellfarben bemerken: Im Farbkasten ist Weiß immer die Farbe, die am unreinsten aussieht – es sei denn, der Kasten ist neu.

Das Weiß kann allerdings nie – wie Goethe ausdrücklich bemerkt[12] – schwarz erscheinen, wie das Schwarz auch niemals weiß zu erscheinen vermag.[13] Schwarz und Weiß – so vermutet Goethe – sind die strengsten Gegensätze, die wir überhaupt kennen.

Trotz der Tendenz des Weißen, sich zu verschmutzen, sieht Goethe im Weißen »... den Begriff von unbedingter Reinheit und Einfachheit ausgedrückt, so daß wir auch im Sittlichen den Begriff von Weiß mit dem Begriff von Einfalt, Unschuld, Reinheit verbunden haben.«[14]

Selbstverständlich läuft die absolute Reinheit immer Gefahr, sich zu beschmutzen. Das mag ihr wesenhaft sein, zumindest liegt es im Prozeß des Lebens begründet. Weiß ist letztendlich abstrakt. Es geht über das Leben hinaus – von daher auch die weiße Totenkleidung –, denn die Einfalt, die Unschuld und die absolute Reinheit des Weißen ist nicht zu leben.

Es wird überliefert, daß Goethe bei seinem Tod nach mehr Licht verlangte. »Mehr Licht« sollen seine letzten Worte gewesen sein. Ob Goethe damit das eben genannte Ideal der Farbe Weiß gemeint hat: mehr Klarheit, Reinheit und Unschuld? Wer hätte das nicht gern, doch leider sind auf diesem Stern die Mittel kärglich und die Menschen roh ...

b) Die Vorstellung des Lichts bei Goethe

»Denn in dem Lichte, in dem die Welt erstirbt, erglänzt die Schönheit der Welt.«[15]

Goethe geht als Phänomenologe davon aus, daß das, was das Auge sieht, noch nicht fertig ist. Es bedarf des Gedankens, der das Gesehene vollendet, das Bild und die Farben mit der Idee

durchwebt und sie so sinnvoll macht. Die Idee ist hierbei das Wesenhafte, das in den Bildern und ihren Farben geschaut wird. Hiermit sind wir bei dem Kern der Farbenlehre Goethes angelangt: Goethe geht es um die Erkenntnis des Wesenhaften in den Naturphänomenen. Von daher ist Goethes Licht ein anderes als das Licht des englischen Physikers Isaac Newton[16], der immerhin noch heute auf englischen Banknoten abgebildet ist.
Nach Newton ist das Licht in die Regenbogenfarben aufspaltbar. Diese Auffassung reizte Goethe bis zum Sarkasmus. Es begann ein Streit, der zu Goethes Farbenlehre führte und mit ihr ausgefochten wurde.

Eine kleine literarische Kostprobe von Goethes Wortgewalt in diesem Streit:

»Möget ihr das Licht zerstückeln,
Farb' um Farbe draus entwickeln,
Oder andre Schwänke führen
Kügelchen polarisieren,
Daß der Hörer ganz erschrocken
Fühlet Sinn und Sinne stocken:
Nein! es soll euch nicht gelingen,
Sollt uns nicht beiseite bringen,
Kräftig, wie wir's angefangen,
Wollen wir zum Ziel gelangen.«[17]

Für Goethe als Idealisten, dem das Licht für den Geist steht, ist das Licht unteilbar. Das Licht stellt die höchste Einheit dar, die es in der physischen Welt gibt. Alle anderen physischen Qualitäten wie Wärme und Ton sind ihm untergeordnet. Ebenso stellt für Goethe der Geist eine Einheit dar: »Licht und Geist, jenes im Physischen, dieser im Sittlichen herrschend, sind die höchsten denkbaren unteilbaren Energien.«[18] Oder: »Das Licht ist das einfachste, unzerlegteste, homogenste Wesen, das wir kennen. Es ist nicht zusammengesetzt.«[19]
So können wir auch Weiß als Repräsentanten des Lichtes als einfachste, unzerlegteste und homogenste Farbe ansehen. Das

zeigt sich schon daran, daß man sich Weiß wie alle Primärfarben nicht ermischen kann. Diese einfachste aller Farben ist zugleich die hellste aller Farben, also dem Lichte verwandt.
Goethe dachte sich die Polarität als allgemeines Charakteristikum der Naturerscheinungen, deshalb baut seine Farbenlehre auf den beiden unteilbaren Phänomenen Licht und Finsternis auf. Dem Licht entspricht als Farbe Weiß, der Finsternis Schwarz – Weiß und Schwarz stellen ursprüngliche, unteilbare Farben dar, die in der Realität nie in reiner Form vorkommen. Im Weiß lebt die Idee des Lichtes und im Schwarz die der Finsternis. Diese beiden Farben sind sozusagen als Superfarben oder Überfarben anzusehen, denn zwischen den beiden Polen Schwarz und Weiß siedeln sich alle anderen Farben an. Alle warmen Farben weisen eine Tendenz zum Weiß, alle kalten Farben eine Bewegung zum Schwarz hin auf.
Goethe schreibt, es müssen drei Bedingungen vorhanden sein, damit Farben gesehen werden: *Licht – Finsternis – Trübe.* Diese drei werden die Urphänomene der Farbenlehre genannt. Licht und Finsternis werden durch Weiß und Schwarz repräsentiert, die Trübe drückt sich ebenfalls in der Farbe Weiß aus. Weiß tritt gleich zweimal bei den Urphänomenen der Farbenlehre auf, und zwar einmal als Repräsentant des Lichtes in der Funktion als »Überfarbe« und ein andermal als Farbe eines Mediums, als Trübung – man könnte auch sagen, als Farbe wie jede andere.
Im letzten Fall stammt Weiß vom Durchsichtigen ab, im ersten von der Lichtquelle (der Sonne). So besitzt Weiß zum einen als Repräsentant des Lichtes etwas Blendendes, Grausames, Absolutes, und zum anderen ist es der erste Keim der Farbe, der aus dem Durchsichtigen der Nichtfarbe entsteht. Das ist das frische, reine, unschuldige Weiß – eine erste Trübung des Durchsichtigen.

Ich würde sagen, daß Weiß an der Grenze steht, wo aus dem Nichts (der Nichtfarbe, dem Durchsichtigen) ein Etwas (nämlich die Farbe) entsteht. Dies ist die zaubrische Seite der Farbe

Weiß, von der sich auch der weiße Totenkult ableitet. Weiß verbindet die Welt der sichtbaren Farben mit dem unsichtbaren Bereich, deswegen sind logischerweise die Wiedergänger[20] weiß. Weiß weist die größte Empfindlichkeit gegenüber dem Licht auf. Weiß verschwindet als letzte Farbe in der Finsternis, es repräsentiert am längsten von allen Farben das Licht in der Finsternis. Wenn man diesen Gedanken Goethes weiterspinnt, kann man feststellen, daß Weiß in zwei Reiche des Jenseitigen hineinreicht: einmal in das Reich des Unsichtbaren und zum anderen in das Reich der Finsternis. Hier ist der gleiche Ort gemeint, nämlich das Reich der Toten.
Goethe hat sich bei seinen empirischen Untersuchungen auch für den Rhodopsinabbau interessiert. Er schreibt, daß Weiß das Auge in Tätigkeit versetzt, indem es Rhodopsin zerstört. So werden die Bildekräfte des Auges angeregt, sich neu zu gestalten. Das Weiß wirkt wie das blendende Licht, es setzt uns in Tätigkeit. Deswegen schreibt Goethe, daß das Licht und das Weiße das Tätige darstellen, das Lebendige. Die Finsternis und das Schwarze sind dagegen die Erstarrung und der Tod.
Weiß ist von seinem Wesen her eine absolute Farbe, die mit den Urphänomenen Leben und Tod verbunden ist. Es ist eine relative Farbe als landläufige Farbbezeichnung.
Um nun das Gesagte noch einmal mit Goethescher Ironie zusammenzufassen, möchte ich Hans Wohlbold, der wie Rudolf Steiner Goethes Farbenlehre herausgab, zu Worte kommen lassen:

»Newton mischte ein angebliches Weiß aus farbigen Pulvern zusammen und gibt gleich zu, daß allerdings dieses Weiß ›düster, dunkel‹ sei und ›wie aus Licht und Finsternis entstehen möchte.‹

›Hier‹ – sagt Goethe – ›springt ihm endlich auch dieser so lang zurückgehaltene Ausdruck durch die Zähne; so muß er immer wie Bileam segnen, wenn er fluchen will, und alle seine Hartnäckigkeit hilft ihm nichts gegen den Dämon der Wahrheit, der sich ihm und seinem Esel so oft in den Weg stellt. Also aus Licht und Finsternis! mehr wollen wir nicht.‹ ›Das dunkle Weiß‹ vergleicht Newton mit ›Mörtel, Staub oder Straßenkot‹, er nennt es ›mäusefarben, aschfarben‹, und

Goethe meint dazu witzig, er wünschte, daß die sämtlichen Newtonianer dergleichen Leibwäsche tragen müßten, damit man sie an diesem Abzeichen von anderen vernünftigen Leuten unterscheiden könnte. Goethe nennt dieses angebliche Weiß eine ›Unfarbe‹, womit es wohl am besten bezeichnet ist.

Das Wesentliche an der Auffassung Newtons ist, daß sie zwischen Grau und Weiß keinen prinzipiellen Unterschied macht. Die Frage wäre: Was ist überhaupt Weiß? Newton identifiziert das Weiße mit dem Licht. Sagt man jedoch einfach ›weiß‹, so ist dies ein sehr relativer Begriff. Man kann verschiedene Flächen oder Objekte nebeneinander betrachten, die man für sich jedes einzelne Weiß nennt, die aber doch, miteinander verglichen, ganz verschieden, heller oder dunkler sind. Es kommt darauf an, wie sie beleuchtet werden. Ein Blatt weißes Papier, das in der Sonne liegt, sieht anders aus als ein sonst gleiches, das daneben beschattet wird. Der Begriff ›Weiß‹ ist demnach relativ, und schließlich gibt es kein absolutes Weiß, so wie es kein absolutes Schwarz gibt. Das Weiße als ›Repräsentant des Lichtes‹ ist ebenso wie das Schwarze als ›Repräsentant der Finsternis‹ nirgends gegeben. So wenig wie Licht und Finsternis selbst. ›Licht‹ ist keine sinnliche Erfahrung, sondern es ist eine Idee. In dem gleichen Sinne ist Weiß keine Erfahrung. Was wir so nennen, ist eine durch die immer in irgendeiner Weise vorhandene Dunkelheit getrübte, in der absoluten Qualität beschränkte Helligkeit (...). Die Physik nimmt Licht oder Weiß als eindeutige Begriffe, Goethe dagegen nur als relative.«[21]

Da die Farbe Weiß für Goethe und die Anthroposophen eine gewaltsame Abstraktion darstellt, wird die Schwarz-Weiß-Malerei als tot abgelehnt. (Ein Problem stellt bei dieser radikalen Ablehnung natürlich die japanische Tuschemalerei dar!)

»Ein Kunstwerk Schwarz auf Weiß kann in der Malerei selten vorkommen. Einige Arbeiten von Polydor geben uns davon Beispiele sowie unsere Kupferstiche und geschabten Blätter. Diese Arten, insofern sie sich mit Formen und Haltung beschäftigen, sind schätzenswert; allein, sie haben wenig Gefälliges fürs Auge, indem sie nur durch eine gewaltsame Abstraktion entstehen.«[22]

Ich halte diese Ansicht Goethes für ein Vorurteil[23] gegen die Schwarz-Weiß-Malerei und die heutige Schwarz-Weiß-Fotografie (die mir meist viel gefälliger scheint als die Farbfotografie). Schwarz-Weiß-Malerei und Schwarz-Weiß-Fotografie stellen

zwar Abstraktionen dar, können jedoch zugleich sehr gefällig wirken. Abstraktion braucht Gefälligkeit nicht auszuschließen, besonders nicht in einer Zeit, in der wir mit bunten optischen Impulsen überfüttert werden (ob wir es wollen oder nicht). In der japanischen Tuschemalerei kann ich etwas sehr Gefälliges erkennen. Für Goethe scheint Gefälligkeit mit Naturnähe – wohl ganz im Sinne von »Die Wahrheit ist konkret« (Bert Brecht) – zusammenzuhängen. An abstrakte Malerei gewöhnt, sieht unser bildschirmerfahrenes Auge im Schwarz-Weiß-Bild keine besondere Abstraktion mehr. Allerdings möchte ich hinzufügen, daß der von Goethe zitierte Maler Polydor in seinen schwarz-weißen Freskogemälden bisweilen leuchtende Farbtupfer gesetzt hat.
Nach dem Lesen von Peter Sloterdijks »Eurotaoismus«[24] scheint mir noch ein abschließender Gedanke zu Goethes Lichtauffassung notwendig. P. Sloterdijk stellt in diesem Buch den Panikbegriff in den Mittelpunkt, und er befindet, daß einzig durch die Nähe zur panischen Erfahrung lebendige Kulturen möglich seien:

> *»Der griechische Gott Pan war mit einem seiner Attribute der Gott der Mittagsstunde, wenn die Schatten am kürzesten sind und wenn die vom Licht zu Boden geschmetterte Welt unter seiner Gegenwart den Atem anhält.«*[25]

Menschen und Tiere ducken sich unter dem panischen Mittagslicht des Südens und fliehen vor ihm. Das ist das gefürchtete, böse, blendende Licht höchster Intensität. Zugleich ist aber die Lichtseite der Welt und der Dinge dem Erkennen zugekehrt. Sloterdijk spricht von der alten Allianz zwischen Licht und Wahrheit als dem »photologischen Pakt der okzidentalen Rationalität«[26]. Wir sind zerrissen zwischen dem Lichtbringenden als Wahrheit und Erkenntnis und dem Lichtbringenden, das beängstigt, zerstört und den Tod zu beschwören vermag. Denken wir an die Atomwaffen und die Entfesselung der Kernenergie, um uns klarzumachen, daß Licht heutzutage uns alle zu verstrahlen droht.

In der Nuklearphysik wird von der terminalen Verlichtung der Materie gesprochen. In einer Atombombenexplosion wird die Materie direkt in Licht verwandelt – heller als tausend Sonnen. In diesem Licht ist nichts mehr zu erkennen, hier herrscht die endgültige panische Reaktion – zu Recht! Alle Dinge verschwinden im Lichtsturm, es wird so viel Licht in das Dunkel der Köpfe gebracht, daß die Köpfe sich selbst in Licht auflösen.
Die Anhänger der neo-theosophischen Channeling-Bewegung[27] der achtziger Jahre haben recht, wenn sie vom *Light Age* sprechen. Allerdings sehen sie das Licht der heutigen Zeit zu romantisch. Wir leben nicht mehr in der Goethe-Zeit, und die nukleare Katastrophe bedroht uns mit ihrem tödlichen Lichtblitz. In theosophischen Kreisen meint man dazu – ganz an Alice A. Bailey angelehnt –, daß Radioaktivität und Licht einer Atomexplosion die Menschheit zwar töten könne, aber daß das Leben (so hofft man) dadurch auf eine neue Stufe gehoben würde, die eine neue biologische Form des Lebens darstellen werde.

Zum Abschluß dieses Abschnitts über das Licht ein Zitat von Peter Sloterdijk, das sich sehr zur Meditation eignet:

> *»Im Namen der Aufklärung geht die alteuropäische Lichtmetaphysik in ein pragmatisches Stadium über, in dem sich die jahrtausende-übergreifende Bewegung von der anfänglichen kontemplativen Anschauung des Beleuchteten zur finalen Verlichtung der Objekte steigert. Verlichtung bedeutet Vernichtung.«*[28]

4. Rudolf Steiner und die Anthroposophie zu Weiß

Rudolf Steiner knüpft direkt an Goethe an, wenn er am 6. Mai 1921 in seinem ersten Vortrag zur Farbenlehre in Dornach sagt:

> *»Wenn wir das Weiße vor uns haben und es dem Lichte aussetzen, wenn wir das Weiße einfach beleuchten, so haben wir die Empfindung: dieses Weiße hat eine bestimmte Verwandtschaft zum Lichte. Aber das bleibt zunächst eine Empfindung, wenn wir uns an die*

Sonne halten, die uns zunächst ja deutlich wenigstens gegen das Weiß hin nuanciert erscheint (...). Wir werden zunächst durch das Weiße zum Lichte als solchem geführt.«[1]

In einem Vortrag vom 5. Dezember 1920 über »Licht und Finsternis als zwei Welt-Entitäten«[2] führte Steiner schon aus, wie der menschliche Gedanke, objektiv geschaut, als Licht und weiß wahrgenommen wird. Da uns das Licht etwas von unserem eigenen Geiste gibt, stellt Weiß oder das Licht »das seelische Licht des Geistes«[3] dar. Nach Steiner ist das Licht und das Weiß dazu notwendig, daß wir ein ICH entwickeln und zu sehenden Wesen werden.

Rudolf Steiner sagt somit, daß die Farbe Weiß wie das Licht in unserer Seele ein Bild des Geistigen entstehen läßt, auf Grund dessen wir dann ein Ich ausbilden. Dieses seelische Bild des Geistigen ist für die Ich-Entwicklung notwendig, denn das Ich ist für Steiner geistig.

Weiß als Farbe haftet an der Oberfläche der Dinge, Weiß als Repräsentant des Lichts ist etwas durch und durch Fluktuierendes, es haftet nirgendwo. Gerade dieses Fluktuierende des Weiß läßt ein lebendiges Ich entstehen, das seine Umwelt durchdringt.

Weiß prägt die Seele in geistiger Hinsicht, macht sie lebendig, vergeistigt sie, wohingegen der Anthroposophie zufolge Schwarz dem Leben feindlich gesinnt ist: »Es vergeht uns die Seele, wenn das grausige Schwarz in uns ist.[4]

Hier im Schwarz liegt ein Grund, warum die Schwarz-Weiß-Malerei in der Waldorfpädagogik abgelehnt wird. Allerdings sagt R. Steiner selbst:

»... da bringen Sie eigentlich, indem Sie auf die weiße Fläche das Schwarz draufmalen, den Geist in diese weiße Fläche hinein. Gerade in dem schwarzen Strich, in der schwarzen Fläche durchgeistigen Sie das Weiße.«[5]

Wenn das Weiß als Repräsentant des Lichts ein Symbol des Geistes darstellt – wie im Bild der weißen Taube als Symbol des Heiligen Geistes zum Beispiel –, so kann es noch zusätzlich vergeistigt werden, wenn es auf das Schwarze trifft. Die anthroposophische Zuordnung der Farben zu den Naturreichen wird von Weiß als Geist- und Lichtfarbe angeführt, um mit Schwarz abgeschlossen zu werden.

Tabelle 3:
Die Zuordnung der Farben zu den Naturreichen

FARBE	NATURREICH	QUALITÄT
WEISS	geistiges Reich	Geist/Licht
Inkarnat/Pfirsichblüt	Menschenreich	Seele
Grün	Pflanzenreich	Leben
SCHWARZ	Mineralreich	Tod

Rudolf Steiner unterscheidet als Erweiterung von Goethes Farbenlehre Bildfarben und Glanzfarben. Die Glanzfarben stellen in diesem Schema die drei Primärfarben dar. Weiß gehört mit Schwarz, Pfirsichblüt[6] und Grün zu den Bildfarben. Diese Bildfarben strahlen etwas in sich Ruhendes aus. So behauptet Steiner vom Weiß, daß es etwas Fixsternhaftes wie die übrigen Bildfarben habe. Die Glanzfarben werden dagegen den Planeten zugeordnet.

Die beiden Bildfarben Weiß und Schwarz bilden zusammen mit Hilfe der Glanzfarbe Rot die Bildfarbe Pfirsichblüt. Wo das geistige Bild des Seelischen (Weiß) auf das geistige Bild des Toten (Schwarz) trifft, dort entsteht durch Hinzufügen des Glanzes des Lebendigen (Rot) das lebende Bild der Seele (Pfirsichblüt), also die Farbe der menschlichen Haut. Man könnte hier geradezu von Steiners Farbentheologie[7] reden.

So wie es die ideale Farbe Weiß und die ideale Farbe Schwarz nirgendwo in der Realität zu sehen gibt, so gibt es auch nicht das Pfirsichblüt. Es handelt sich bei diesen Zusammenhängen mehr um eine Philosophie als um empirische Erfahrungen mit Oberflächenfarben. Die großen Meister der Haut wie Mathias Grünewald und Rubens mischten aus Braun- und Gelbtönen ihre

Hautfarben. Wenn sie die Haut als leuchtende bzw. beleuchtete malten, so lasierten sie zumeist die entsprechenden Stellen eher gelblich als mit Weiß oder benutzten ein weißgebrochenes Gelb. Steiner interessierte sich wie Goethe für das Wesen der Farben, was jedoch nicht heißt, daß sich nicht beide auch sehr für konkrete Flächenfarben interessierten. Steiner war immerhin ein bedeutender Maler seiner Zeit (Jugendstil), und Goethe war ebenfalls sehr an der praktischen Malerei interessiert. Obwohl Goethe und Steiner davon ausgingen, eine Farbenlehre für Künstler zu schreiben, interessierte sie jedoch die geistige Essenz der Farben so sehr, daß einige ihrer Aussagen sich eher auf ideale als auf konkrete Farben beziehen.

Zusammengefaßt wäre zu sagen:

- Goethe wie Steiner sehen Weiß als den Repräsentanten des Lichtes und zugleich als die verdichtete Trübe an, die aus dem Unsichtbaren als Durchsichtiges entsteht.
- Weiß ist dem Licht eng verwandt und deutet auf den menschlichen Geist, der vom Unsichtbaren bis ins Dunkle reicht. Weiß ist als letzte Farbe bei fortschreitender Dunkelheit noch zu sehen.
- Da Weiß in andere Welten reicht (die des Unsichtbaren, die der Finsternis), kann es als Zauber- und Todesfarbe erlebt werden.
- Für Steiner besitzt Weiß das Ruhende einer Bildfarbe, wenngleich er es immer wieder auch mit dem fluktuierenden Licht vergleicht.
- Weiß stellt das geistige Bild des Seelischen dar, das zur Ich-Bildung unabdingbar ist.

Goethe und Steiner haben durch ihre Auffassung der Farbenlehre über Paul Klee, Johannes Itten und Wassily Kandinsky sehr auf unsere heutige Farbauffassung gewirkt, allerdings ist man in Kreisen von Physikern eher geneigt, Newtons Ansicht vom zusammengesetzten Licht zu folgen.

Anmerkungen

Kapitel 6.1:

1. ROSENBERG, Alfons: Einführung in das Symbolverständnis. Ursymbole und ihre Wandlung, Freiburg 1985, S. 66.
2. Nach Robert Ranke-Graves, a. a. O., S. 106 ist ARIADNE auch eine alte Lichtgottheit, die der walisischen Lichtgöttin ARIANRHOD verwandt ist. ARIANRHOD tritt auch im MABINOGION auf. Nur eine weiße Göttin wie Ariadne kann dem Helden mit der List des roten Fadens sozusagen Licht für das dunkle Labyrinth der Unterwelt bereitstellen. Sie ist die Muse, die den Dichter bei seinem Abstieg ins Unbewußte nicht seinen roten Faden verlieren läßt (als seine individuelle Blutspur). Die weiße Göttin Ariadne bringt dem Dichter das Licht des Geistes.
3. Auf einem weißen Bullen ritt auch der thrakische Dionysos und zeigt sich so als echter Mann und Gott. Der weiße Stier repräsentiert im apokalyptischen Buch HENOCH den wahren Samen Israels. Meistens hatten es weiße Bullen sehr schlecht, da man sie den Lichtgöttern zu opfern pflegte. Des weiteren ist noch der weiße Stiergott BAAL ZEPHON, der König des Nordens, bekannt, der von Kanaanitern und Philistern für Prophezeiungen und Fruchtbarkeit angerufen worden ist. Weiße Opfer wurden deswegen in diesem Gebiet mit dem Kopf nach Norden gelegt, was noch bis ins 20. Jahrhundert als Schlachtertradition in diesen Gebieten überlebt haben soll.
4. Hyperborea entspricht AVALON, der Insel der Glückseligen im MABINOGION.
5. Ranke-Graves scheint mir jedoch fast alle Göttinnen und Götter auf die weiße Göttin zurückzuführen.
6. Die bekannteste von allen mag wohl die heilige Birgit sein, eine vormals weiße Göttin, deren Fest in Irland und dem schottischen Hochland am 2. Februar gefeiert wird, am selben Tag, an dem auch die Kelten ihr wichtigstes Lichtfest feierten. Ähnlich verhält es sich mit Santa Lucia, die noch heute in Schweden zur Wintersonnenwende mit vielen Kerzen verehrt wird. (Vgl. auch Lichtmeß im katholischen Raum.)
   Viele dieser weiblichen Gottheiten, die uns in domestizierter Form als christliche Heilige wieder entgegentreten, gehen wohl auf die keltische Muttergottheit EPONA zurück, der ein weißes Pferd zugeordnet wird.
7. Der Vollständigkeit wegen sei noch der weiße Bodhisattva ARAPACANA – eine buddhistische Mondgottheit – genannt, der, auf dem doppelten Lotus sitzend, ein Buch in seiner Linken hält. Andere weiße Götter der Buddhisten möchte ich hier für den Interessierten nur kurz aufzählen: APARAJITA, der Unbesiegte: ein weißer, mit Schlangen geschmückter Buddha, AMOGAPASHA, die unfehlbare Schlinge, Beiname: der Weiße. Ein Buddha des Mitgefühls und ein Aspekt von AVALOKITESVARA. Vorbuddhistisch wäre hier noch der altindische Mondgott CANDRA zu nennen, bei dem die Farbe Weiß durch ihre Anhäufung besonders betont wird: Candra besitzt eine makellos weiße Körperfarbe, er trägt weiße Gewänder, fährt einen weißen Wagen, der von zehn

weißen Rossen oder einer weißen Antilope gezogen wird. Auch KHASARPANA stellt wie AMOGAPASHA eine rein weiße Form AVALOKITESVARAS dar, zugleich ist er wie CANDRA ein Mondgott, dessen rechte Hand die wunschgewährende Stellung (Mudra) aufweist.
Die leidenschaftslose PÄMAJUNGNÄ wird als leidenschaftsloses Geistwesen immer weiß dargestellt (vgl. z. B. Abb. 2 in: OLSCHAK, Blanche Christine/ WANGYAL, Geshe Tupten: Mystic Art of Ancient Tibet, Boston 1987, S. 82), wie auch die großen Gelehrten des Buddhismus wie z. B. Lobsang Kälzang. Im großen SRIDPAKI-hKHOR-LO-Thangka (Lebensrad, Abb. u. a. in OLSCHAK/ WANGYAL, a. a. O., S. 107) führt der Weg des weißen Feldes zur Befreiung, wohingegen die Verhafteten auf den schwarzen Pfaden wandeln.
Ganz wichtig ist in diesem Zusammenhang auch CHEN RESIG (TSCHENREZIG), die weiße Schutzgottheit Tibets.

Abb. 10: CHEN RESIG

Noch heute beten die Anhänger des Karmapa (Mahayana-Buddhismus, Tibet) CHEN RESIG regelmäßig an und visualisieren seinen weißen Körper auf dem weißen Lotus, verbunden mit der weißleuchtenden Silbe SHRI.

Die Tibeter sagen von CHEN RESIG, er sei weiß »wie frisch gefallener Schnee in der Sonne«. CHEN RESIG entspricht dem höchsten Mitgefühl, er steht in der Visualisierung gleich unter dem roten Buddha Amitabha (Buddha des Mitgefühls).

8. Vgl.: ROSENBERG, Alfons: Einführung in das Symbolverständnis, Freiburg 1984, S. 58.
9. Den Hebräern war die Farbe Weiß Symbol, sie waren nicht an natürlichen Farberscheinungen interessiert. Die Farbe war ihnen Bedeutungsträger, Medium göttlicher Einstrahlung in die Welt. Die Hebräer sahen die Farbe also rein symbolisch, ohne an einer objektiven Naturbetrachtung interessiert zu sein. Vgl. dazu ausführlicher: ROSENBERG, a. a. O., S. 62f.

   Die Farbtrias Weiß-Schwarz-Rot tritt in den unterschiedlichsten Kulturen auf. Die Hindus unterscheiden schwarzes, rotes und weißes Tantra, wobei nach Yogi Bhajan das weiße Tantra die Krone der Spiritualität darstellen soll, das rote Tantra mit Sexualität als einem Erleuchtungsweg arbeitet und das schwarze Tantra als manipulative Technik der Schwarzen Magie angesehen wird. Ähnliche Vorstellungen begegnen uns in Afrika, und zwar besonders deutlich ausgeprägt im Gebiet des unteren Kongo. Ethnologen vermuten, daß sich hinter dieser Farbtrias eine Art dreiwertige Logik versteckt (im Gegensatz zur zweipoligen Logik nach Aristoteles), die eine ursprüngliche Art des Denkens und der Weltsicht verdeutlicht. (Sind deshalb auch die Farben Preußens Schwarz, Weiß, Rot?)

Kapitel 6.2:

1. Apokalypse 19, 11 u. 14.
2. Auch die westfälischen Sagen kennen den heiligen weißen Helden, dem ein weißes Heer zur Seite steht.
3. FORSTNER, Dorothea: Lexikon der christlichen Symbole, München 1961, S. 160.
4. Ebd., S. 68.
5. THEWELEIT, Klaus: Männerphantasien, Bd. 2: Männerkörper – Zur Psychoanalyse des weißen Terrors, Frankfurt/M. 1978.
6. Die Vorstellungen vom weißen Heer und dessen weißen Führern gehen neben der Apokalypse auf die tiburtinische Sibylle (deren Bild in Deutschland im Limburger Dom in den Triforiumsarkaden zu sehen ist; die tiburtinische Sibylle ist eine alte heidnische Quelle, die im Mittelalter in christianisierten Versionen im Umlauf war) zurück, die einen nicht zu unterschätzenden Einfluß auf spätere Orakel besaß.

   Die Germanen ließen ihre heiligen weißen Pferde nicht so einfach in das Christentum integrieren (wie es z. B. mit der keltischen Symbolik geschah), sondern verehrten in ihnen ganz offen auch noch nach der Christianisierung die alte heidnische Ordnung. Deswegen ließen die Christen viele dieser heiligen weißen Pferde der Germanen abschlachten.
7. Acryl auf Hartfaser. Galerie Gerstenberg, Kunstverlag Bonn. Dort auch als Postkarte erhältlich.

8. Diese Symbolik ist nicht einzig an unsere Kultur gebunden, sondern findet sich ebenfalls bei den Maori und den Maya. Weiß als Farbe des Sich-Ergebens und der Waffenruhe scheint überkulturell, wenn nicht archetypisch bedingt zu sein. Vgl. hierzu auch die pazifistische Zeitschrift mit dem bezeichnenden Namen »Weiße Blätter«, die René Schickele seit dem Ersten Weltkrieg vom Schweizer Exil aus herausgeben mußte.
9. Vgl. dazu auch THEWELEIT, K.: Männerphantasien, a.a.O.: Hier ist der weiße Terror die bürgerliche Reaktion auf Revolutionäres, während der rote Terror jener der Kommunisten ist.
10. JUNO, die römische Göttin, die die Schützerin der Frauen ist. Ihre Symbolfarbe ist Weiß, als Juno Pronuba gilt sie als Schutzgöttin der Hochzeit, und als Juno Lucina zeigt sie den Neugeborenen das Licht. Später wurde Juno zur Mondgöttin, deren Fest zu Neumond gefeiert wurde. Daß hier Weiß dem Neumond zugeordnet wird, ist sehr ungewöhnlich (meistens wird Schwarz dem Neumond und Weiß dem Vollmond zugeordnet).
11. LESSING, G.E.: Fabeln nach Aesop, Phaedras liber IV, Fab. II.
12. Vgl. genauer: KIERKEGAARD, Sören: Entweder – Oder, Bd. II, München 1988, S. 577.
13. JUNG, C.G., Werke 13, S. 89.
14. Es ist das Vorrecht der Päpste, einen weißseidenen Talar zu tragen.
15. Klemens von Alexandrien: Paidag. III, 52,2.
16. FORSTNER, Dorothea: Lexikon der christlichen Symbole, Innsbruck/Wien/München 1961, S. 160.
17. Am Weißen Sonntag trugen die Neugetauften das weiße Gewand, das sie bei ihrer Taufe zu Ostern trugen. Als Ostern kein Tauftermin mehr war, wurde der Weiße Sonntag der Tag, an dem die Kinder zum ersten Mal zur Kommunion gehen, wodurch das Taufgelöbnis erneuert wird. Hier müssen die letzten Ostereier verzehrt sein – es dürfen allerdings nur noch weiße sein –, und jetzt darf zum ersten Mal wieder getanzt werden, wodurch die fröhlich-festliche Seite der Farbe Weiß angesprochen wird. Christlich gesehen ist der Weiße Sonntag ein Fest des unschuldigen Täuflings. Daß er auch traditionell die Freinacht der Ledigen ist, daß Weiß auch die Farbe der körperlichen Liebe sein konnte, versuchte das Christentum mit all seiner Macht zu bekämpfen und zu verdrängen. »Unzucht« paßt nicht in den christlichen Reinheitsbegriff.
18. Vgl. dazu genauer: RATHGEBER, Alfons M.: Das heilige Meßopfer, Dortmund 1958, S. 61.
19. Die Sonne erscheint bei Gottfried Benn öfter als weiß. Vgl. z. B. Benns Gedicht »Dans Russe«.
20. Zitiert nach THEWELEIT, Klaus: Buch der Könige, Bd. 1, Basel/Frankfurt 1988, S. 68.
21. RATHGEBER, a. a. O., S. 63. Vgl. hierzu auch das Bild Raffaels vom weißen Sakramentsaltar.

Kapitel 6.3:

1. GOETHE, Johann Wolfgang von: Farbenlehre. Mit Einleitung und Kommentaren von Rudolf Steiner, Suttgart 1984, Bd. 1, S. 47.
2. Goethe begann sich auf seiner Italienreise (1786–1788) für Farben zu interessieren.
3. GOETHE, Johann Wolfgang von: Farbenlehre, [Diederichs Vlg.] Jena o. J., S. 17 – eine von Anthroposophen sehr geschätzte Goethe-Ausgabe wegen eines umfangreichen Vorworts von Hans Wohlbold.
4. Goethe entwickelte in seinen naturwissenschaftlichen Schriften und besonders in seiner Farbenlehre eine Theorie des Sehens. Er geht davon aus, daß das, was wir sehen, zum Teil jenseits der Welt der Sinne liegt. Wir sehen immer auch mit unserem Bewußtsein, und dieses Bewußtsein besitzt Intention. Hier sind wir beim griechischen Begriff der THEORIA, der ursprünglich »zusammenhängendes Sehen« heißt, angelangt. Es gibt keinen reinen Empirismus, sondern wir sehen immer mit einer Theorie, die uns das Gesehene gemäß ihrer Ordnungsstrukturen sehen läßt. (Kippbilder zeigen sehr gut, daß Sehen von mehr als nur den sinnlichen Eindrücken abhängt, da verschiedene semantische Perspektiven durch ein identisches optisches Muster ausgelöst werden.)
5. GOETHE, J. W. v.: Farbenlehre, Stuttgart 1984, Bd. 1, S. 65, § 7.
6. Ebd., S. 67, § 16.
7. Ebd., S. 68, § 18 und Bd. 2, S. 25, § 29 z. B.
8. Ebd., S. 204, § 494.
9. Ebd., S. 204, § 495.
10. Ebd., S. 206, § 502.
11. Ebd., S. 74, § 35.
12. Ebd., Bd. 2, S. 78, § 12.
13. Ebd., Bd. 2, S. 79, § 15: »Das Weiße kann nie schwarz, das Schwarze nie weiß werden …«
14. Ebd., Bd. 2, S. 76, § 6.
15. STEINER, Rudolf: Das Wesen der Farben, Dornach 1980, S. 117.
16. Allerdings sei hier auf ein Mißverständnis unserer heutigen Zeit hingewiesen: Isaac Newton wird uns zumeist als Pionier der Aufklärung präsentiert. Als jedoch 1936 Newtons alchemistisch-magische Aufzeichnungen bei Sotheby's versteigert wurden, zeigte sich, daß Newton eher als letzter Magier und Alchemist anzusehen ist. Die herrschende Wissenschaft lehnt diese Studien Newtons als Ausrutscher und Schwäche eines großen Mannes ab.
17. Ebd., S. 115.
18. GOETHE, J.W. v.: Farbenlehre, Stuttgart 1984, Bd. 3, S. 264.
19. Am 15. Juli 1793 Rede im Feldlager von Marienborn. Siehe: GOETHE, J. W. v.: Farbenlehre, Jena o.J., S. 72.
20. Als Wiedergänger werden jene Gestalten oder Geister bezeichnet, die aus dem unsichtbaren Bereich der Totenwelt in unsere Welt hineinspuken.
21. GOETHE, Farbenlehre, Jena o. J., S. 104.
22. Ebd., § 862.

23. Um dieses Urteil Goethes zu verstehen, hilft ein Blick in Goethes FAUST (Vers 911 ff.):
»Aber die Sonne duldet kein Weißes:
Überall regt sich Bildung und Streben,
Alles will sie mit Farben beleben«.
Goethe geht es um diese Bildung und dieses Streben, das im gestalterisch-schöpferischen Prozeß die Farben hervorbringt. Die Sonne erzeugt Leben und Farben, das Weiß dagegen stellt ein Phänomen des Stillstandes dar, des erstarrten Kalten, das dem Winter angehört.
24. SLOTERDIJK, Peter: Eurotaoismus, Frankfurt/M. 1989.
25. Ebd., S. 104.
26. Ebd., S. 121.
27. Unter CHANNELING versteht man den medialen Kontakt mit Geistwesen. Vgl. genauer dazu: VOLLMAR, Klausbernd/HAEUSLER, Martin: Der letzte Schrei aus dem Jenseits. Channeling-Buch Bd. 1, Berlin 1988.
28. SLOTERDIJK, a. a. O., S. 217.

Kapitel 6.4:
1. STEINER, Rudolf: Das Wesen der Farben, a. a. O., S. 32f.
2. Ebd., S. 115.
3. Ebd., S. 35.
4. Ebd., S. 36.
5. Ebd., S. 36.
6. Steiner benutzt die beiden Farbbezeichnungen PFIRSICHBLÜT und INKARNAT synonym, mit beiden Farbworten wird die Farbe der menschlichen Haut bezeichnet.
7. Albrecht Schöne spricht im Zusammenhang mit Goethes Farbenlehre von Goethes Farbentheologie (vgl. hierzu genauer: SCHÖNE, Albrecht: Goethes Farbentheologie, München 1988). Ich meine, daß sich auch hinter Steiners Farbenlehre eine Farbentheologie im Sinne Schönes verbirgt.

Kapitel 7

Die Bedeutungsstruktur der Farbe Weiß

Wir sind nun der Farbe Weiß in allen möglichen Gestalten begegnet: vom heilenden und beschützenden bis zum mörderischen Weiß, vom fruchtbaren bis zum furchtbaren Weiß. Wir trafen auf das männliche und das weibliche Weiß, auf das keusche und das geile Weiß. Wir sahen Weiß als Lichtfarbe, als Symbol der Sonne wie des Mondes und als das seelische Bild des Geistes. Weiß trat uns in seinem geistigen als auch in seinem (körperlichen) Verführungsaspekt entgegen. Weiß kann sowohl die Unschuld als auch die Macht symbolisieren. Maria, die Hexen und das Einhorn, der Schimmel und die weißen Vögel, die weiße Schlange, der weiße Stier und der weiße Hahn vertraten ausdrucksvoll das Wesen des Weißen.
Es ist erstaunlich, wie viele Schattierungen das Weiße aufweisen kann, in wie vielen Gestalten es uns erscheint. Es scheint uns immer gerade jene Seite zu zeigen, der wir als Betrachter nacheifern. Was wir im Weißen sehen, das ist unser eigenes Gesicht: Deswegen ist die Beschäftigung mit der Farbe Weiß so wichtig. Weiß ist der reine Spiegel, das Nichts, das wir zu füllen trachten. Gott ist weiß, was soviel wie »Weiß ist alles und ist in allem« heißt.
Ganz besonders scheint mir Weiß jedoch sexuelle Anklänge zu besitzen. Weiß steht wie die Sexualität im Spannungsfeld zwischen den beiden Polen Unschuld und Verführung, zwischen der Faszination der weiblich-weißen Brüste und der Macht des männlich-weißen Samens. Weiß ist aber zugleich auch die Farbe des Todes, der größten aller Mächte im menschlichen Leben. Der Orgasmus als »der kleine Bruder des Todes« wird wie das Erschrecken mit Weiß verbunden: Man erschrickt sich und wird totenbleich. Weiß symbolisiert das Mysterium von Sexualität

und Tod und verschwistert sich dabei mit Schwarz. Weiß gibt sich paradox: Es ist offenbar und Geheimnis zugleich. Man könnte fast meinen, daß Weiß keine eigenen Eigenschaften besitzt, sondern vielmehr das spiegelt, was ihm begegnet.

Tabelle 4:
Die Bedeutungsstruktur der Farbe Weiß

weiblicher Aspekt	männlicher Aspekt
Mond Mondgöttinnen	Sonne Lichtgottheiten
Maria (weiße Lilie)	Gottvater (der weise Alte, der weiße Magier)
die weißen Frauen (Hexen, Schneewittchen, Schneeweißchen, die Sibyllen)	die weißen Männer (der weiße Führer, der weiße Fürst, das weiße Heer)
ANIMA	Spiegel
weiße Brüste (Milch), Jungfräulichkeit, Verführung und Orgasmus	Tod und Orgasmus, der Samen
der Geist als weiße Taube (Sophia)	der Geist als der Heilige Geist der Christen
Zauber- bzw. göttliche Tiere	
die weiße Stute (Große Mutter) die weiße Taube und die weiße Schlange	der weiße Stier, der weiße Wal, der weiße Hai, der weiße Wolfshund

Bei genauerer Betrachtung kann man deutlich drei Schwerpunkte des Weißen erkennen:

1. das Göttliche bzw. das Ideale,
2. die Sexualität und der Tod als die Grundkräfte des Lebens,
3. der Zauber bzw. die Wandlung (Metamorphose, Gestaltwandlung).

Diese drei Schwerpunkte des Bedeutungsraumes der Farbe Weiß sind immer bipolar: Wie Janus, der römische Gott der Türen und Tore, schauen sie zum Männlichen und zum Weiblichen zugleich. (Meiner Auffassung nach sind zumindest alle Grundfarben bipolar, da alle Urkräfte sich bipolar zu äußern pflegen.)

Tabelle 5:
Die drei Grundbedeutungen der Farbe Weiß

	WEISS	
1. das GÖTTLICHE (Licht, das Gute)	a)	weibl.: der schützende Aspekt, der weibliche Geist (weiße Taube, Sophia), Mondgöttinnen und Lichtgöttinnen
	b)	männl.: die Macht, das Ideal, der männliche Geist
2. SEXUALITÄT	a)	weibl.: Unschuld, Fruchtbarkeit, Verführung, Geilheit
	b)	männl.: der weiße Penis (Shivas Lingam), der weiße Samen und der weiße Verführer, der Schimmel als Traumsymbol (das weiße Einhorn)
3. der ZAUBER (die Wandlung)	a)	weibl.: die weißen Frauen bzw. Hexen, Fruchtbarkeitszauber, Heilzauber und Schutzzauber
	b)	männl.: der weiße Magier, der weiße Heiler
		Weiße Gegenstände, die gemäß der Analogiemagie weiße Schwingungen übertragen, und weiße zaubrische Tiere im Märchen und im Traum, die sich durch ihre Wandlungsfähigkeit auszeichnen.

Trotz dieser möglichen Systematisierung der Farbe Weiß besitzt sie dennoch einen unfaßbaren Charakter, der zum Flair ihrer Göttlichkeit gehört.

Als ich Freunden erzählte, daß ich an einem Buch über die Farbe Weiß schreibe, antworteten die meisten von ihnen spontan: »Das ist doch keine Farbe!« Na gut, Weiß ist schwer faßbar, uneindeutig, es wird sogar bisweilen als farblos betrachtet. Dennoch tritt es uns als Farbe in der Natur entgegen. Ich denke da an die weißen Blütenblätter der Margeriten, an die Schnee- und Maiglöckchen und an die weißen Schafe, die weißen Tiere der Schneewüsten (Tarnfarbe) und an die Albinos (Tiere und Menschen, denen die dunklen Hautpigmente fehlen), die immer als etwas Besonderes angesehen wurden. Ist ein Kleid oder ein Auto weiß, dann sieht jeder Weiß als Farbe vergleichbar allen anderen Farben an. Auch die Farbe der Sommerwolken würde jeder Mensch als weiß bezeichnen. Kurzum, Weiß tritt uns als Farbe entgegen, oder wie Hans Biedermann es ausdrückt:

»Weiß läßt sich entweder ›als noch keine Farbe‹ oder als vollkommene Vereinigung aller Farben des Spektrums des Lichtes verstehen ...«[1]

Das Unfaßbare und zugleich Abgründige der Farbe Weiß wurde unter dem Einfluß des Christentums domestiziert; übrig blieb die weiße Weihnacht und strenge, aber reine weiße Engel, die Gott auf der weißen Wolke in seinen leuchtend weißen Gewändern zur Hand gehen.

Wie das Christentum einen tiefen Einschnitt in der Betrachtung der Farbe Weiß darstellte, so brachte vor etwa 150 Jahren die Daguerreotypie einen weiteren Einschnitt in die Sichtweise des Weißen.

1830 hatte der Pariser Entertainer Louis J.M. Daguerre zusammen mit seinem Landsmann Niepce die erste Kamera entwickelt, die er »Camera obscura« nannte.[2] Damit wurde nicht nur der heutigen Fotografie der Weg bereitet, sondern auch die Augen der Menschheit für einen Blick auf die Welt in Schwarz und Weiß geöffnet. Man meinte, mit diesem »schwarz-weißen Blick« auf die Welt die Wirklichkeit ohne Illusionen darstellen zu können. Wen verwundert es da, wenn eines der wichtigsten Teile der Kamera *Objektiv* genannt wurde?

Vom Beginn der Fotografie bis in die fünfziger Jahre unseres Jahrhunderts – also für über einhundert Jahre – wurde das »objektive Bild der Wirklichkeit« aus den komplementären Farben Schwarz und Weiß zusammengesetzt. Alles, was hell wirkte, wurde weiß (Lichtcharakter der Farbe Weiß), alles, was dunkel wirkte, wurde schwarz. Die Realität wurde unbewußt als Spannung zwischen Licht und Finsternis oder Licht und Schatten aufgefaßt. Es wurde gezeigt, wie Weiß und Schwarz stellvertretend alle anderen Farben wiedergeben können. Damit wurden Weiß und Schwarz zu ›Überfarben‹, das heißt zu Farben, die von ihrem Informationswert alle möglichen Farben beinhalten.
Die ersten Fotografen wollten mit Hilfe der »objektiven« Farben Schwarz und Weiß die Geheimnisse der Bilderwelten erforschen, sie wollten mit diesen beiden magischen Überfarben in die Tiefe der Bildstrukturen vordringen, in das Abstrakte, die Idee – eben in das, was hinter den Bildern steht.

Die Welterfassung durch das gedruckte Wort ist ebenfalls an den Kontrast vom weißen Papier zum schwarzen Buchstaben gebunden. Was man schwarz auf weiß sehen kann, als Fotografie, als gedrucktes Wort, das ist nach der Meinung der meisten Menschen objektiv, es ist wahr und gilt als dokumentarisches Abbild der Wirklichkeit – darauf baut noch heute die (manipulative) Überzeugungskraft jeder Zeitung.
Weiß besitzt also zusammen mit Schwarz die Kraft, die Wirklichkeit zu dokumentieren, oder die Macht, das Bild der Wirklichkeit zu beschwören. Der alte Zauber der beiden Farben Schwarz und Weiß bietet sich in der Neuzeit zur Welterfassung wie zur Manipulation an.
Wir nähern uns hier wieder Rudolf Steiners Ansicht: Schwarz und Weiß weisen in unserer heutigen Zeit mehr und mehr eine Tendenz zum Abstrakten auf. Schwarz und Weiß stehen vorzüglich im Dienst der Informationsverbreitung und – wie schon bei den ersten Fotografen – der Informationsanalyse.

Weiß hat einen langen Weg hinter sich: vom Fruchtbarkeits- und Schutzzauber der weißen Göttin bis hin zur Farbe der männlichen Institutionen und der Informationsverbreitung bzw. -verarbeitung. Das unschuldige, leichte Weiß wurde zum aggressiven Weiß (z.B. die Kapuzengewänder des Ku-Klux-Klans); heute benötigen wir Weiß als Farbe der objektiven Welterfassung und hochabstrakter Informationssysteme (die meiste Bildschirmkommunikation läuft noch heute in schwarz-weiß). Die Spannweite von Weiß ist enorm, so daß ich mich bisweilen fragte, wo denn die Essenz des Weißen liegt.
Weiß war wie Schwarz psychologisch gesehen immer eine Farbe besonderer, geheimnisvoller, ja bisweilen sogar dämonischer Erscheinungen. Aus diesem Grunde war und ist Weiß noch heute die bevorzugte Farbe kultischer Gewänder. Schon Pythagoras hatte den Sängern heiliger Hymnen empfohlen, rein weiße Gewänder zu tragen. Weiß hat mit den Mysterien des Lebens, zu denen auch der Tod gehört, zu tun. Die Essenz des Weißen liegt wohl darin, daß Weiß der farbliche Repräsentant des Lichtes ist und alle Ambivalenzen des Lichtes auch selber aufweist. Weiß ist sowohl die Farbe des Todes wie auch die der Freude. Beim Klavier jedoch drücken die weißen Tasten die Freude (*Dur*) und die schwarzen die Trauer (*Moll*) aus.

Für mich stellt Weiß eine besonders kräftige und ausdrucksstarke Farbe dar, die Tod und Leben zugleich symbolisiert, aber auch als die Leere gedacht werden kann. Als Kleiderfarbe halte ich Weiß für zu mächtig und erdrückend, wenn es auch seltene Gelegenheiten gibt, in denen ich ein weißes Hemd oder einen weißen Pullover liebe.
Wenn Sie nun wieder auf die weiße Wand meditieren, wie am Anfang dieses Buches beschrieben, so mag dieses Wissen Ihnen jetzt helfen, Ihre Erfahrungen besser zu integrieren und zu verstehen. Wahrscheinlich ist es Ihnen auch klarer und einsichtiger geworden, warum Sie sich vom Weiß angezogen oder abge-

stoßen fühlen, warum Sie gerne Weiß tragen oder Schwarz bzw. dunkle Farben vorziehen.
Weiß ist eine Farbe, eine Ausstrahlung, eine Energie ...

Anmerkungen

Kapitel 7:

1. BIEDERMANN, Hans: Knaurs Lexikon der Symbole, München 1989, S. 480.
2. Allerdings hatte fast gleichzeitig mit Daguerre und Niepce der Engländer William H.F. Talbot die ersten fotografischen Schwarz-Weiß-Bilder hergestellt. Von 1826 bis 1829 wurden die ersten Schwarz-Weiß-Fotografien von Niepce aufgenommen. William Henry Fox Talbot gelang die erste Umwandlung eines Negativs in ein Positiv.

Literaturverzeichnis

AEPPLI, Ernst: Der Traum und seine Deutung, [Knaur] München 1987
ARISTOTELES: Hauptwerke, [Kröner Vlg.] Stuttgart 1975
ARRABAL, Fernando: Hohe Türme trifft der Blitz, [dtv] München 1989
BÄCHTOLD-STÄUBLI: Handwörterbuch des deutschen Aberglaubens, [de Gruyter] Berlin 1987 (Sonderausgabe)
BEATTIE, Owen/GEIGER, John: Der eisige Schlaf, [vgs] Köln 1989
BECHSTEIN, Ludwig: Sämtliche Märchen, 2 Bde.,[dtv] München 1988
BIBEL, Einheitsübersetzung, Dünndruck, [Herder] Freiburg 1988
BIEDERMANN, Hans: Knaurs Lexikon der Symbole, [Knaur] München 1989
BRECHT, Bertolt: Turandot oder Der Kongreß der Weißwäscher. In: BRECHT, Bert: Gesammelte Werke Bd. XIV, (Aufbau Vlg.) Berlin 1968
BUTAZZI, Grazietta: Lingerie. In: Anziehungskräfte, [Hanser] München 1986, S. 327–330
CALOY, Henriette: Die Braut, [Kreuz] Stuttgart 1989
COOPER, J.C.: Illustriertes Lexikon der traditionellen Symbole, [Drei Lilien] Berlin/DDR 1988
DUERR, Hans Peter: Nacktheit und Scham. Der Mythos vom Zivilisationsprozeß, [Suhrkamp] Frankfurt/M. 1988
ESOVA, Milena Lui/KUDLACEK, Jan: Mischa und das weiße Pferd, Hanau 1980
FORSTNER, Dorothea: Die Welt der Symbole, [Tyrolia] Innsbruck/Wien/München 1961
FRIELING, Heinrich: Lebendige Farbe, [Muster-Schmidt] Zürich 1988
FRIELING, H.: Farbe hilft verkaufen, [Muster-Schmidt] Zürich 1988
FRIELING, H.: Der Farbenspiegel, [Muster-Schmidt] Zürich 1987
GOETHE, Johann Wolfgang von: Farbenlehre, [Diederichs] Jena o. J.
GOETHE, J.W. v.: Farbenlehre mit Einleitung und Kommentaren von Rudolf Steiner, (Vlg. Freies Geistesleben) Dornach [3]1984
GOETHE, J.W. v.: Faust, [Deutscher Taschenbuch Vlg.] München 1977
GOVINDA, Lama Anagarika: Der Weg der weißen Wolken, [Knaur] München 1988
GRIMM, Gebrüder: Kinder- und Hausmärchen. Vollständige Ausgabe, [Parkland] Stuttgart 1985
HAMMETT, Dashiell: Das Haus in der Türkenstraße. In: HAMMETT, D.: Das große Umlegen, [Diogenes] Zürich 1978
HEER, J.C.: Der Wetterwart, [Cotta] Stuttgart/Berlin 1913
HUNTFORD, Roland (Hrsg.): Die Amundsen-Photographien, [Westermann] Braunschweig 1989
IRSIGLER, Franz/LASSOTTA, Arnold: Bettler und Gaukler, Dirnen und Henker. Außenseiter in einer mittelalterlichen Stadt, [dtv] München 1989
JUNG, Carl Gustav: Gesammelte Werke, [Walter] Olten/Freiburg 1979–1981
JUNG, Emma: Animus und Anima, [Bonz] Fellbach [3]1988

KÜPPERS, Harald: Küppers' Farbensonne, [Callwey] München 1989
LAGERKVIST, Pär: Die Sibylle, Zürich 1957
LEXIKON DER PARAPSYCHOLOGIE, hrsg. v. W.F. BONIN, [Fischer Tb.] Frankfurt/M. 1981
LONDON, Jack: Wolfsblut, [Heyne] München 1978
MARX, Ellen: Farbintegration und Simultankontrast, [Muster-Schmidt] Zürich 1989
MAYER, K.: Die Bedeutung der weißen Farbe im Kultus der Griechen und Römer, Diss. Freiburg 1927
MELVILLE, Herman: Moby Dick, [Arena] Würzburg 1972
NATHAN, Robert Stuart: Der weiße Tiger, [Krüger] Frankfurt/M. 1987
NEUMANN, Erich: Die Große Mutter, [Walter] Olten/Freiburg 1985
OHR, Walter: Wer ist White Eagle?, [Aquamarin] Grafing 1987
PERROT, Philippe: Il sopa e il sotto della borghesia, Milano 1981
RAJNEESH, Bhagwan: Mein Weg: Der Weg der weißen Wolke, [Tao Ed.] München 1988
RANKE-GRAVES, Robert von: Die weiße Göttin. Sprache des Mythos, [Rowohlt] Hamburg ²1988
RANKE-HEINEMANN, Uta: Eunuchen für das Himmelreich, [Hoffmann und Campe] Hamburg 1988
RATHGEBER, Alphons M.: Das heilige Meßopfer, Dortmund 1958
ROSENBERG, Alfons: Einführung in das Symbolverständnis, [Herder] Freiburg 1984
SCHÖNE, Albrecht: Goethes Farbentheologie, [Beck] München 1988
SLOTERDIJK, Peter: Eurotaoismus, [Suhrkamp] Frankfurt/M. 1989
SOHAR, Das heilige Buch der Kabbala, [Diederichs] Köln ³1986
SPITZING, Günther: Lexikon byzantinisch christlicher Symbole, [Diederichs] München 1989
STEINER, Rudolf: Das Wesen der Farben, [Rudolf Steiner Verlag] Dornach 1980
STORM, Theodor: Der Schimmelreiter, [Goldmann Klassiker] München 1982
STRAUB, Heinz: Verschollen in der Arktis, Zürich 1989
SUNDMAN, Per Olof: Ingenieur Andrees Luftfahrt, Zürich 1989
SUZUKI, Bokushi: Schneeland-Symphonie, [Diederichs] München 1989
THE CONCISE JEWISH ENCYCLOPEDIA, hrsg. v. ROTH, Cecil, [Meridian] New York/London 1980
THEWELEIT, Klaus: Männerphantasien, Bd. 2: Männerkörper – Zur Psychoanalyse des weißen Terrors, [Stroemfeld/Roter Stern] Frankfurt/M. 1978
TOTENBUCH DER TIBETER (Bardo Thödol). Das tibetische Buch der Toten, [Barth] München ⁴1984
VOLLMAR, Klausbernd: Das Geheimnis der Farbe Schwarz, [Fischer Media] Bern 1999
VOLLMAR, Klausbernd: Dream Power. Ein Handbuch für Träumer, [Simon & Leutner] Berlin 1988
VOLLMAR, Klausbernd: Fahrplan durch die Chakren, [rororo] Reinbek ²1989

VOLLMAR, Klausbernd: Chakren. Lebenskraft und Lebensfreude aus der eigenen Mitte, [Gräfe & Unzer] München 1989
VOLLMAR, Klausbernd/HAEUSLER, Martin: Der letzte Schrei aus dem Jenseits, [Simon & Leutner] Berlin 1988
VORBEK, Mathias: Aquarell. In: KÖRNER, Wolfram (Hrsg.): Die Schöne und der Schwan. 66 Leda-Bilder aus der Sammlung Wolfram Körner, [Müller & Kiepenheuer] Hanau 1987
VULPIUS, C.A.: Handwörterbuch der Mythologie der deutschen, verwandten, benachbarten und nordischen Völker, Leipzig 1826 [Nachdruck Fourier Vlg., Wiesbaden 1987]
WALTON, Evangeline: Die vier Zweiglein des Mabinogi, [Klett-Cotta] Stuttgart 1984
WHITE, Kenneth: Das weiße Land, [Dianus Trikont] München 1984
WHITE EAGLE: Die vier großen Einweihungen, [Aquamarin] Grafing ^{2}1988
WHITE EAGLE: Das große White Eagle Heilungsbuch, [Aquamarin] Grafing ^{4}1988
WHITE EAGLE: White Eagle Heilungspraxis, [Aquamarin] Grafing ^{2}1989
WHITE EAGLE: Weisheit von White Eagle, [Aquamarin] Grafing ^{5}1987
WHITE EAGLE: Der geistige Pfad, [Aquamarin] Grafing ^{5}1988
WOLFRAM von Eschenbach: Parzival, [de Gruyter] Berlin 1972
WÖRTERBUCH DER DEUTSCHEN VOLKSKUNDE, hrsg. v. O.A. ERICH und R. BEITEL, [Kröner] Stuttgart 1974

Der Autor

Klausbernd Vollmar, Diplompsychologe und Autor, wurde 1946 im Rheinland geboren. Abgeschlossenes Studium der Germanistik, Linguistik und Philosophie; Lektor des Goethe-Instituts in Finnland, Forschungsstipendiat des Canada Council und Lehrauftrag der McGill University/Montreal. Zweitstudium der Psychologie mit Ausbildung in tiefenpsychologischen Techniken nach C.G. Jung. Leiter eines Therapiezentrums in Amsterdam, längere Aufenthalte in Findhorn und Neapel. Schüler von Freifrau Dr. Olga von Ungern-Sternberg und dem Schamanen Black Horse Chavers, langjähriges Mitglied einer englischen Gurdjieff-Gruppe. Gründer und Leiter der ***Traumbüros*** in Deutschland, Österreich und der Schweiz, Leiter von ***Kommunikation&Psyche***, eines Instituts für Kreativitäts- und Potentialentwicklung.
Vollmar lebt in England. Er hält seit Jahren Seminare und Vorträge und tritt häufig in Radio und Fernsehen auf; seine Bücher sind in mehr als zehn Sprachen übersetzt.

Bücher von Klausbernd Vollmar, die in Deutschland zur Zeit lieferbar sind:

Thema Farbe

- Farben – ihre natürliche Heilkraft (Gräfe&Unzer)
- Das Geheimnis der Farbe Schwarz (Fischer Media)
- Das Geheimnis der Farbe Weiß (Fischer Media)
- Das Geheimnis der Farbe Rot (Fischer Media – in Vorbereitung)
- Das Geheimnis der Farbe Blau (Fischer Media – in Vorbereitung)

Thema Träume

- Träume – erinnern und richtig deuten (Gräfe & Unzer)
- Das Arbeitsbuch zur Traumdeutung (Hugendubel)
- Handbuch der Traumsymbole (Königsfurt)
- Das kleine Buch der Traumsymbole (Königsfurt)
- Traumhafte Lösungen (Hugendubel)
- Gelebte Träume sind die besten Träume (Königsfurt, zusammen mit J. Fiebig)
- Ratgeber Traum (Königsfurt)
- Wahre Träume (Königsfurt, zusammen mit H. Eibl)

Thema Energiezentren des Körpers

- Sieben Kräfte hat das Ich (Scherz)
- Das Arbeitsbuch zu den Chakras (Hugendubel)
- Fahrplan durch die Chakren (Rowohlt)
- Chakren – Lebenskraft und Lebensfreude aus der eigenen Mitte (Gräfe & Unzer)
- Chakren-Arbeit (Goldmann)

Thema Enneagramm

- Das Enneagramm (Goldmann)
- Das Arbeitsbuch zum Enneagramm (Hugendubel)
- Das Enneagramm der Liebe (Hugendubel)
- Magisch Reisen: England (Goldmann)

Ferner bietet das ***Traumbüro Hamburg***, Telefon/Fax 040 67563435 einen von Klausbernd Vollmar entwickelten Fernlehrgang zum Thema ***Einführung in die Traumarbeit*** und Vortragskassetten zum Thema Traum, Enneagramm und Chakras an.

Seminarhinweis

Wer Interesse an Vorträgen, Workshops, (Ferien-)Kursen oder Einzelberatung und Coaching in Kleingruppen und deutscher Sprache hat, der wendet sich bitte an:

Klausbernd Vollmar, Dipl. Psych.
Rhu-Sila
Cley next the Sea
Holt/Norfolk NR 25 7UD
Telefon/Fax 0049 1263 740304
email: kbvollmar@aol. com
England

Interessenten für Kurse aus der Schweiz, Liechtenstein und Österreich wenden sich bitte für weitere Informationen an Haus Gutenberg, FL-9496 Balzers, Telefon 0041 75 3881133, Fax 0041 75 3881135, Liechtenstein.

Weitere Bücher aus dem Fischer Media Verlag

Klausbernd Vollmar

Das Geheimnis der Farbe Schwarz

Klausbernd Vollmar zeigt die Farbe Schwarz in einem neuen Licht: die Vielschichtigkeit und ganze Faszination, die Bedeutung in Mystik, Symbolik, Heilung und moderner Psychotherapie. Mit seinen Texten und Übungen können wir unsere Persönlichkeit in den Farben entdecken, und sie öffnen uns einen Weg zu unserer Intuition, unserem inneren Wesen.

Das Schwarze hat eine tiefe mythologische und psychosymbolische Bedeutung. Der Kult um die schwarzen Madonnen innerhalb der katholischen Kirche, Schwarz als Farbe der Elite und Avantgarde, Schwarz als Kontrast zum Lichten, Schwarz in Sexualität und Spiritualität, seine Bedeutung für die psychotherapeutische Arbeit, all dies und mehr wird von Klausbernd Vollmar ausführlich und detailliert untersucht. Er kommt zum Ergebnis: Schwarz steht für das Natürliche, Weibliche, Körperliche, Sinnliche – alles Dinge, die eine männlich dominierte Kultur zum Schaden von Mensch und Natur verdrängt hat. Das Buch enthält auch ein Arbeitsheft für die Mal- und Meditationsübungen, mit denen der Leser dem Schwarzen sinnlich näherkommen und es für sich einnehmen kann.

Aus dem Inhalt: Die dunkle weibliche und die lichte männliche Form, Wandlungsvorstellungen in der Alchemie, Schwarze Madonnen, das Schwarze in der Sexualität, Hexen und schwarze Göttinnen, Bedeutung und konkrete Symbolik der Farbe Schwarz, der schwarze Individuationsweg sowie ein Reiseführer zu den schwarzen Madonnen im deutschsprachigen Bereich und in Belgien.